Selbstbewusstsein stärken

Wie du dein Selbstbewusstsein aufbauen und steigern kannst, im Alltag & Beruf

Das Buch mit den effektivsten Methoden und dem Schlüssel zu mehr Selbstvertrauen

Viktoria Ostertag

1. Auflage

Inhaltsverzeichnis

Vorwort 1

Nimm dein Leben in die Hand 3

Das Geheimnis erfolgreicher Menschen 6

Falsches Selbstbewusstsein ist sehr laut und auffällig 7

Sorgen, Angst und Zweifel 8

Stelle dir diese Fragen 12

Welche Rolle spielt das Unterbewusstsein? 14

Die Wurzeln eines geringen Selbstbewusstseins 17

Von Löwen und Schafen 27

Selbstakzeptanz – Lernen, sich selbst zu akzeptieren 33

Entwicklung deines Selbstbewusstseins: Die Theorie 40

Den Kritiker in deinem Kopf zähmen 43

Lerne die richtige Wortwahl 46

Die Tabuwörter 48

Selbstbewusste Wörter 52

Die Macht der Gefühle............................55

Was die Körpersprache aussagt 56

Der Gang.. 57

Augenkontakt 59

Die Magie der Berührungen 61

Dein Lächeln.. 63

Zwischenmenschliche Fähigkeiten.......................... 64

Selbstbewusstsein aktiv stärken: So geht´s 67

1. Finde dein WARUM.. 68

2. Mache eine „Bestandsaufnahme“ 70

3. Entwickle positive Glaubenssätze 72

4. Sage dir nette Worte.. 77

5. Spreche deutlich.. 77

6. Nimm dir 10 Minuten Zeit für dich....................... 78

7. Lese alles Inspirierende, was du bekommen kannst 80

8. Lasse Fernsehen & Co. aus.................................. 80

9. Vergleiche dich nicht mit anderen 82

10. Nehme dich selbst an 83

11. Mache dir Notizen von deinen früheren Leistungen 84

12. Pflege dich und sei gut zu deinem Körper........... 84

13. Lerne etwas Neues und tue etwas Kreatives 86

14. Habe keine Angst davor, deine sichere Komfortzone zu verlassen 88

15. Scheue dich nicht, nach Hilfe zu fragen 89

16. Fehler gehören im Leben dazu 90

17. Trenne dich von negativen Menschen in deinem Umfeld 91

18. Pflege deine guten Beziehungen......................... 93

19. Führe ein Erfolgstagebuch 94

20. Löse dich von der Meinung anderer 97

21. Setze dir Ziele und feiere deine Erfolge! 99

22. Werde dir deiner eigenen Stärken bewusst...... 100

23. Mache eine Umfrage 101

24. Bewege dich viel und treibe Sport 102

25. Visualisiere dein selbstbewusstes ICH............... 104

26. Versorge ein Haustier 106

27. Behandle jeden Menschen mit Respekt............ 107

28. Erkenne deine Stärken und Schwächen an 110

29. Mache Dankbarkeit und Wertschätzung zur Gewohnheit 112

30. Lerne, nein zu sagen 115

31. So gehst du mit Kritik um................................. 118

32. Meditation macht dich zu einem neuen Menschen 120

33. Mit neuem Selbstbewusstsein zur Selbstliebe .. 126

34. Achte auf die Qualität deiner Gedanken! 130

35. Affirmationen für ein starkes Selbstbewusstsein 133

Schlusswort 140

Haftungsausschluss.............................. 142

Urheberrecht.. 143

Impressum 144

Vorwort

Ist dir eigentlich bewusst, wie wertvoll und liebenswert du bist? Dass du ein einzigartiges Individuum bist, welches hier auf Erden ist, um jeden Tag Freude zu erleben? Wäre es nicht schön, glücklich und selbstbewusst durch das Leben zu gehen?

Dazu ist ein gesundes Selbstbewusstsein unerlässlich, denn dies ist einer der wichtigsten Schlüssel zum Erfolg und Glück, sowohl im Berufs- als auch im Privatleben. Es hilft dir dabei, neue Menschen oder einen Partner kennen zu lernen.

Außerdem hilft es dir dabei, endlich die Dinge zu tun, die du schon lange tun wolltest, die du aus Unsicherheit nie gemacht hast, um dabei deine Ideen und Träume in die Praxis umzusetzen. Selbstbewusstsein wird außerdem deine Leistungen bei Wettbewerben und Prüfungen steigern.

Die wenigsten von uns bekommen vom Umfeld und in der Erziehung ein starkes Selbstbewusstsein „geliefert“. So unglaublich viele Menschen bekommen von klein auf Bemerkungen zu hören wie: „Das kannst du nicht“, „Dafür bist du zu dick/zu dünn/zu schwach/zu dumm“. Es liegt daher in deiner Hand, dein Selbstbewusstsein und Selbstvertrauen zu stärken. Und glaub mir, du kannst es schaffen!

Ich wünschte, mir hätte jemand in meiner Jugendzeit so einen Ratgeber in die Hand gegeben, denn mein damaliges schüchternes ICH war in vielen Lebenssituationen alles andere als selbstbewusst.

Mit viel Arbeit und Geduld mit mir selbst und durch die Unterstützung meiner Eltern – die besten, die man sich vorstellen kann – ist es mir gelungen, aus mir heraus zu kommen und mit dem neu gewonnenen Selbstbewusstsein alles im Leben zu erreichen, was ich mir vorgenommen habe.

Wenn auch DU dein Leben nachhaltig verändern willst, dann beginne damit. JETZT.

Nimm dein Leben in die Hand

Ich denke, du wirst mir zustimmen, wenn ich sage, dass für ein glückliches und erfülltes Leben ein starkes Selbstbewusstsein von Bedeutung ist. Die traurige Realität ist: Viele Millionen von Menschen leiden stark an Minderwertigkeitskomplexen.

Es scheint für viele unfair auszusehen: Es gibt jede Menge Menschen, die scheinbar platzen vor Selbstbewusstsein und haben grenzenlosen beruflichen und privaten Erfolg. Während andere einen großen Mangel an Selbstvertrauen und Selbstliebe haben und ihnen das Leben wie ein Kampf vorkommt.

Doch nun habe ich eine gute Nachricht für dich: Du kannst zwar nichts dafür, wenn du dich in deinem bisherigen Leben mit einem geringen Selbstbewusstsein abfinden musstest, doch es liegt in deiner Hand, JETZT zu handeln. Du kannst lernen, dein Selbstbewusstsein zu entwickeln und zu stärken, damit dein Leben von nun an so verläuft, wie du es dir wünschst.

Träume können wahr werden.
Jeder, der etwas anderes sagt,
hat bereits aufgegeben.

Eines vorab: ein starkes Selbstbewusstsein bzw. Selbstvertrauen bedeutet nicht, dass man wie ein Angeber durch die Welt stolziert und zeigt, wie toll man ist. Selbstvertrauen bedeutet: Das Bewusstsein, dass man, selbst wenn man heute noch nicht die Fähigkeit hat, um ein Ziel zu erreichen, man aber auf dem Weg alles Notwendige lernen kann und wird und dadurch sämtliche Probleme, die sich einem in den Weg stellen, überwinden wird.

In den folgenden Kapiteln wirst du lernen, wie du Vertrauen, Mut und unerschütterliche Entschlossenheit in jedem Bereich deines Lebens entwickeln kannst. Du wirst außerdem lernen, dich den größten Herausforderungen und Chancen deines Lebens zu stellen – dabei wirst du von deiner Fähigkeit überzeugt sein, alles zu erreichen, was du dir in den Kopf setzt.

Du bist mutiger, als du glaubst,
stärker als du scheinst,
intelligenter als du denkst.

Auch wenn du dir das gerade nicht vorstellen kannst: Du hast außerordentliches Potenzial für Erfolg, Errungenschaften und Wohlstand. Das Einzige, was zwischen dir und dem (in diesem Augenblick noch) unglaublichen Leben steht, welches du dir ermöglichen kannst, ist Angst. Deine inneren Ängste, die dich in vielen Lebenssituationen zurück halten, um ja nicht zu versagen oder sich zu blamieren. Doch das kannst du ändern und deine Angst besiegen.

Lies dir dieses Buch bitte aufmerksam durch und arbeite damit jeden Tag, denn nur auf diese Weise wirst du lernen, alte Glaubenssätze und Gewohnheiten abzulegen sowie deine Ängste zu verarbeiten und aufzulösen. Du wirst in tagtäglichen Situationen und sozialen Interaktionen selbstbewusster und durchsetzungsfähiger sein.

Deine Freunde, Familie und Arbeitskollegen werden dich nicht wiedererkennen.

Als selbstbewusster Mensch wirst du auf die Menschen eine anziehende Wirkung haben, an Lebensqualität gewinnen und das Leben genießen können. Jeder Tag ist ein Geschenk, jeder Augenblick etwas Besonderes und mit deinem neuen Selbstbewusstsein wirst du mehr aus deinem Leben machen und deine Ziele erreichen, wenn du einen starken Willen hast und diszipliniert an dir arbeitest.

Das Geheimnis erfolgreicher Menschen

Seit vielen Jahren studiere ich Biografien erfolgreicher Persönlichkeiten. Jeder einzelne besitzt Eigenschaften und Qualitäten, die sie alle gemeinsam haben und die es ihnen ermöglicht haben, mehr als die Durchschnittsperson zu erreichen.

Ich habe unzählige Bücher, Artikel und Forschungsstudien über das Thema Erfolg gelesen – ich kam zu dem Ergebnis, dass die fundamentale Qualität des Erfolgs, in jedem Bereich des Lebens, sowohl beruflich als auch privat, das Selbstbewusstsein ist.

Jeder Mann und jede Frau, der oder die jemals etwas Außergewöhnliches erreicht hat, besitzt in der Regel ein höheres Selbstbewusstsein, als die durchschnittliche Person. Selbstbewusste Menschen lassen alle Manipulationsversuche an sich abprallen, sie sind unabhängig von der Meinung anderer und sie glauben an ihre eigenen Talente und Fähigkeiten.
Wenn du dich selbst so weit entwickelst und an einen Punkt gelangst, an dem dein Glauben an dich selbst so stark ist, sodass du weißt, dass du beinahe alles erreichen kannst, wird deine Zukunft grenzenlos und unbeschränkt sein.

Falsches Selbstbewusstsein ist sehr laut und auffällig

Kennst du die Sorte Kollegen und Führungskräfte oder Bekannte, welche am selbstsichersten wirken, die dieses scheinbar unerschütterliche Selbstbewusstsein durch die Welt tragen, bis hin zur Überheblichkeit oder Arroganz? Oft sind sie laut und auffällig, häufig aber charmant und beliebt. Sie werden beinahe als faszinierend wahrgenommen – jedenfalls so lange, bis man hinter die Fassade blicken darf und hier nichts Erfreuliches vorfindet.

In Wahrheit nämlich befinden sich hinter diesem künstlich aufgeblähten Selbstbewusstsein nichts als quälende Minderwertigkeitskomplexe und der mangelnde Selbstwert. Solche Menschen bringen sich selbst keinen Respekt entgegen und haben auch für ihr soziales Umfeld wenig Respekt übrig. Sehr angenehm ist der Umgang mit einem solch unsicheren Menschen auf Dauer nicht.

Oft scheitern junge Führungskräfte an übertriebenem Selbstvertrauen, da hinter dieser Fassade lediglich ein unsicherer Charakter versteckt ist.

Lasse dich bitte von solchen Menschen nicht blenden.

Sorgen, Angst und Zweifel

Eine gute Freundin von mir, mit der ich mich ausgiebig über das Thema Selbstbewusstsein unterhalten habe, hatte mich einige Zeit nach einem gemeinsamen Gespräch angerufen. Sie klang sehr aufgeregt und begeistert. Sie meinte, dass ein gewisser Satz, den ich gesagt habe, ihre gesamte Einstellung dem Leben gegenüber verändert hat. Es war lediglich eine Frage: „Was würdest du tun, wenn du genau wüsstest, dass du dabei nicht versagen könntest?“

Als sie anfing, sich die Frage immer und immer wieder zu stellen, hat sich ihre Sicht auf die ihr zur Verfügung stehenden Möglichkeiten vollständig erweitert. Sie sah klar und deutlich, was sie sein wollte, was sie haben wollte und was sie tun wollte – gleichzeitig hat sie realisiert, dass es lediglich die Angst und das Zweifeln an ihren Fähigkeiten war, was sie die ganze Zeit zurückhielt. Sie konnte endlich verstehen, dass ihr geringes Selbstbewusstsein sie daran hinderte, ihre Träume zu verwirklichen.

Sie hatte den Mut und die Kraft gefunden, ihre Ängste ganz gezielt anzugehen, diese loszulassen und nach und nach ein solides und starkes Selbstvertrauen aufzubauen.

Mut ist nicht, keine Angst zu haben,
sondern die eigene Angst zu überwinden.

Tatsache ist, dass die meisten Ängste nicht real sind. Die einzigen Urängste, die der Mensch hat, sind folgende: Angst vor dem Fallen (z. B. aus großen Höhen) und Angst vor bedrohlichen Geräuschen (in der Steinzeit der Säbelzahntiger, in der heutigen Zeit eher ein rasendes Auto, welchem du ausweichst, um nicht überfahren zu werden). Alle anderen Ängste sind erlernt oder anerzogen.

Was würdest du anders machen, wenn dir der Erfolg in jedem Vorhaben garantiert wäre? Was wäre, wenn dich irgendeine „große Macht“ mit einer Kraft segnen würde, so dass du jedes Ziel erreichen könntest, welches du dir gesetzt hast? Um es anders auszudrücken: was wäre, wenn du vor nichts und niemandem Angst hättest und in jedem Bereich deines Lebens problemlos in deinem besten Interesse handeln könntest? Fakt ist, dass sich deine gesamte Welt verändert, wenn du ein unerschütterliches Selbstbewusstsein entwickelst.

Es ist wichtig, die Vergangenheit hinter sich zu lassen, denn nur so hast du die Möglichkeit, dein Leben frei, eigenständig und nach deinen eigenen Wünschen zu gestalten.

Mache dir eines klar: nichts verhindert ein erfülltes Leben mehr, als Sorgen und Zweifel. Sorgen sind Gedanken über die Zukunft. Sie handeln nur von theoretisch möglichen Szenarien. Sorgen finden nur in deinem Kopf, nicht in der Realität statt. Alles, was in der Zukunft liegt, kannst du nicht vorhersagen und nach dieser Devise zu handeln, erlaubt dir frei von Sorgen zu sein.

Die meisten Menschen haben Ängste, ohne sich dessen bewusst zu sein, warum diese da sind. Was dir sofort helfen wird, ist es, deine Angst klar zu definieren. Frage dich: „Was kann mir schlimmstenfalls passieren?“. Jetzt bekommst du Klarheit und kannst somit aktiv Einfluss nehmen, um den Zustand anzunehmen und anschließend zu verändern.

Ich bin mir sicher, kein Mensch ist wirklich freiwillig bereit, ein Leben voller Selbstzweifel zu leben und der Angst die Macht zu geben.

Stelle dir diese Fragen

Du liest gerade dieses Buch, das bedeutet du bist auf der Suche. Auf der Suche nach Veränderung in deinem Leben. Dieses Buch bietet dir die Möglichkeit einer gründlichen Bestandsaufnahme über deinen körperlichen, geistigen und emotionalen Zustand.

Die meisten Menschen umgehen diesen Prozess gerne und wollen es nicht so genau wissen, in welchem Zustand sie sich befinden. Sei ehrlich zu dir selbst und beantworte - möglichst schriftlich - folgende Fragen. Nimm dir mindestens eine halbe Stunde Zeit dafür.

- Was in meinem Leben macht mich nicht glücklich und zufrieden?
- Mit welchen Menschen bin ich in Frieden, mit welchen fühle ich mich wohl, mit welchen weniger?
- Was werde ich wirklich bereuen, nie getan zu haben?
- Welche Bereiche in meinem Leben möchte ich verändern, weil sie mich runterziehen (Finanzen, Zustände, Körper, Beruf, Partnerschaft etc.)?
- Was finde ich gut an mir, was ist lobenswert, worauf bin ich stolz?
- Gibt es etwas, was ich bereue? Was würde ich heute anders machen?
- Wovor habe ich Angst?

Mit diesen Fragen öffnest du die Tür zu deinem Unterbewusstsein, welches eine große Rolle im Thema Selbstbewusstsein spielt. Darin schlummert so einiges an Blockaden, die gelöst werden müssen, um selbstbewusster zu werden, denn meistens hat ein geringes Selbstwertgefühl tiefe Wurzeln geschlagen.

Welche Rolle spielt das Unterbewusstsein?

Das Unterbewusstsein könnte man als eine dunkle Höhle bezeichnen. Als einen geheimen Ort, an dem dein Leben im Außen entsteht. Es ist absolut neutral und bereit, jede deiner Gewohnheiten anzunehmen. Das Unterbewusstsein ist nicht in der Lage, Tatsachen zu bewerten und es kann nicht unterscheiden zwischen Realität und Vorstellung.

Jeder einzelne deiner Gedanken, jede Handlung und alle Emotionen laufen seit Jahren auf Automatik. Alle Erfahrungen und Überzeugungen aus deiner Kindheit, die dir eingeimpft worden sind, sind immer noch da und haben die Macht, dein Leben zu steuern und zu beeinflussen. Du hast das meiste davon vergessen, das bedeutet aber nicht, dass sie verschwunden sind. Jeder negative Gedanke und alle Prägungen sind in den hintersten Ecken dieser Höhle versteckt.

Bestes Beispiel: wenn du überzeugt davon bist, dass du einen steifen Nacken bekommst, wenn du neben einem Ventilator sitzt, dann sorgt dein Unterbewusstsein dafür, dass dein Nacken steif wird. Nicht der Ventilator und die ungefährlichen Energiemoleküle verursachen diese Unannehmlichkeit, sondern deine falsche Überzeugung. Der Ventilator ist aber völlig harmlos.

Das gleiche Spiel, sobald jemand im gleichen Raum oder deiner Nähe hustet oder niest. Die Angst in dir, du könntest dich anstecken, erschafft möglicherweise genau diesen Zustand. Denn seit unserer Kindheit wurde uns beigebracht, niemanden anzuniesen oder anzuhusten, um ja keinen anzustecken. Das Immunsystem ist vielleicht stark genug, um diese Viren und Bakterien abzublocken, so dass man gesund bleibt. Aber wenn die Gedanken und der Glaube an das Krankwerden stärker sind, passiert letztendlich das, wovor man sich gefürchtet hatte: man wird krank.

Andersrum kannst du dein Unterbewusstsein programmieren und mit Wahrheiten füllen, die du für richtig hältst. Du musst dir deine Gedanken wie Vitamine und Mineralien vorstellen, die durch die Nahrungsaufnahme in den Blutkreislauf gelangen, so gelangen auch deine Gedanken in dein Unterbewusstsein und haben einen großen Einfluss auf dein Leben. So wie du als Kind laufen gelernt hast. Die Wiederholung deiner Gedanken und die Überzeugung, dass du es schaffen wirst, haben dich dazu gebracht, nach jedem Sturz wieder aufzustehen und es noch einmal zu versuchen. Immer und immer wieder, so lange, bis du laufen konntest.

Auf die gleiche Weise programmierst du ein positives und starkes Selbstbewusstsein. Die in diesem Buch enthaltenen Übungen und Tipps werden dir helfen, alles aus dir rauszuholen und dein Selbstbewusstsein so stark zu machen, dass du es dir jetzt noch nicht vorstellen kannst.

Durch Affirmationen wirst du dein Unterbewusstsein „austricksen", denn es kann nicht unterscheiden zwischen Dingen, die du tatsächlich erlebst und Dingen, die du dir in deiner Fantasie vorstellst. Bilder prägen sich wie Blitze in dein Gehirn ein, hinterlassen neue Überzeugungen und lassen die alten verblassen bzw. verschwinden.

Es sollte also zu deinen täglichen Aufgaben werden, dein Unterbewusstsein zu programmieren, denn es ist eine der wichtigsten Gewohnheiten, wenn du dein Leben zum Positiven verändern willst.

Die Wurzeln eines geringen Selbstbewusstseins

Wenn du erwachsen wirst, wird dir erklärt, dass die Welt so ist wie sie ist und du musst dein Leben in dieser Welt leben und versuchen, nicht so häufig anzuecken. Grundsätzlich hat jeder Mensch, der auf die Welt kommt, von Natur aus ein gesundes Selbstbewusstsein. Schaut man sich aber die Menschen im Verlaufe des weiteren Lebens genauer an, stellt man fest, dass die einen nur so vor Selbstbewusstsein strotzen, während die anderen hart daran arbeiten müssen.

Wie kommt es eigentlich, dass die Startvoraussetzungen für jeden Menschen so unterschiedlich sind? Laut Psychologen liegt die Antwort auf diese Frage in der Kindheit. Jedes Kind bekommt unterschiedliche Prägungen für ein starkes oder schwaches Selbstbewusstsein in seinem Leben und zwar durch Erziehung, Erfahrungen und Erlebnisse. Hier werden die Grundsteine für die spätere Jugend und das Leben als Erwachsener gelegt.

Während es diverse Bereiche im Leben gibt, die für ein geringes Selbstbewusstsein verantwortlich sind, gibt es einige dominierende Hauptbereiche: Eltern, Medien und Bildungsinstitute. Wir werden in Kürze sehen, wie das Ganze abläuft und wie man diese Ursachen verhindern und die Auswirkungen umkehren kann.

Über verschiedene Wege bringt uns unsere Gesellschaft bei, dass wir akzeptieren sollen, was uns passiert und dass wir einfach „mit dem Fluss gehen“ sollen.

In den meisten Situationen interpretieren viele Menschen diese Botschaften als Signale, das Verfolgen ihrer Träume aufzugeben, weil sie sich der Gesellschaft anpassen sollen. Allerdings schrumpft durch diesen Einfluss die eigene Autorität.

Eltern

Viele Eltern können größtenteils zum fehlenden Selbstbewusstsein ihrer Kinder beitragen. Während die meisten Eltern ihren Kindern beibringen, ihre Potenziale maximal zu nutzen und ihnen dabei helfen, zu erreichen, was sie erreichen wollen, gibt es wiederum Eltern, die ihren Kindern die Einzigartigkeit wegnehmen und unbeabsichtigt (oder beabsichtigt) dafür sorgen, dass die Kinder nichts als Grenzen sehen. Die letztere Sorte versucht häufig ihren Kindern, die eigenen Gedanken und Meinungen aufzuerlegen. Leider meinen es Eltern nur gut, wenn sie ihre Kinder mit wohlmeinenden Ratschlägen erziehen und zerstören damit größtenteils deren Selbstvertrauen.

Wie häufig hast du schon andere Eltern gesehen bzw. gehört, die folgende Phrasen nutzen?

- Verhalte dich deinem Alter entsprechend.
- Sei nicht kindisch!
- Wieso bist du so ein Träumer?
- Wie kannst du so etwas Dummes sagen?
- Niemand, außer dir, würde so etwas tun.
- Werde erwachsen!

Natürlich wollen Eltern ihre Kinder motivieren und eine angemessene Verhaltensweise beibringen – manchmal können sie diese Botschaft jedoch nicht positiv vermitteln.

Was bedeutet zum Beispiel die Aussage „Werde erwachsen" wirklich? Bedeutet es, dass sich das Kind zurückhalten und keine reine Freude erleben soll? Soll es die Welt nicht erforschen, nicht neugierig sein und nichts dazulernen? Wenn das die Definition von „Werde erwachsen" ist, sollten Eltern diese Aussage überdenken komplett aus ihrem Wortschatz streichen. Ein Kind ist ein Kind und kein Erwachsener. Es sollte frei sein in der Entfaltung und durch Spiel und Spaß das Leben genießen. Die Kindheit ist leider viel zu kurz. Das Erwachsensein ist für den Rest des Lebens.

Meiner Meinung nach sollte ein Kind folgenden Satz regelmäßig, ja fast täglich, von seinen Eltern hören:

Du bist gut, so wie du bist!

Wenn das Kind dabei in den Arm genommen und lieb gedrückt wird, spürt es die Ehrlichkeit der Worte und das Selbstwertgefühl steigt enorm.

Bildungsinstitute

Gleich nach den Eltern, sind Bildungsinstitute die zweitgrößten Mitspieler bei der Entwicklung des Selbstbewusstseins. Ein Faktor, der großen Einfluss auf das Selbstbewusstsein eines Kindes nimmt, ist Gruppenzwang.

Kinder neigen häufig dazu, andere zu hänseln, wenn sie etwas „anders" machen. Auch Kinder, die als lernschwach gelten, werden schnell abgestempelt. Da diese Kinder besondere Förderung brauchen, sollten qualifizierte Lehrkräfte unterstützend eingreifen. Doch leider fehlt es meistens an solchem Personal.

Tatsache ist, dass Kinder weitaus intelligenter sind, als wir annehmen.

Schüler, die als „dumm“ angesehen werden, machen diese Eigenschaft zum Teil ihrer Identitäten und Persönlichkeiten und gehen davon aus, dass sie nicht in der Lage sind, gute Leistungen zu erbringen. Dieser Glaubenssatz beeinflusst nicht nur ihre Weiterbildung, sondern trübt auch ihre gesamte Persönlichkeit.

Glaubenssätze und Erwartungen erschaffen die Realität. Exzellenz kann in gewissem Maße von jedem erwartet werden, daher ist es wichtig, dass Eltern ihre Kinder motivieren und ihnen positive Erwartungen signalisieren. Sobald das der Fall ist, ist es extrem überraschend, wie positiv sich Kinder den Erwartungen entsprechend entwickeln können.

Medien

Ein mangelndes Selbstbewusstsein kann ebenfalls auf den Einfluss der Medien zurückzuführen sein. Mainstream-Medien handeln auf Basis der Werbebranche und sind deshalb darauf aus, den Menschen zum Konsum anzuregen. Die Unternehmen investieren riesige Summen, damit ihre Produkte und Dienstleistungen einem bestimmten Publikum gezeigt werden.

Deine Einzigartigkeit ist ein Risikofaktor für die Werbetreibenden. Wenn du in der Lage bist, selbstständig und frei zu denken, kannst du bezüglich des angebotenen Produktes oder der Dienstleistung eine bewusste Entscheidung treffen. In solchen Situationen tätigst du den Kauf nicht nur, um mit dem Rest der Gesellschaft übereinzustimmen. Wenn es dir an Selbstbewusstsein mangelt, profitiert die Werbebranche dadurch extrem. Sie nutzt eine Vielzahl an Methoden und Taktiken, um dir dein Selbstbewusstsein zu entziehen und dich unsicher zu machen.

Du siehst beispielsweise häufig, wie die Produkte in Werbespots von berühmten Schauspielern, Sportlern und Models genutzt werden – infolgedessen solltest du die Produkte ebenfalls nutzen, um berühmt, schön, wohlhabend und glücklich werden zu können. Die Unternehmen schrecken vor nichts zurück, um dich in deiner eigenen Haut schlecht fühlen zu lassen, solange du ihre Produkte nicht nutzt. Im Grunde signalisieren sie dir, dass du unbegrenzt glücklich und zufrieden sein kannst, sobald du anfängst, ihre Produkte und Dienstleistungen zu nutzen.

Hast du jemals bemerkt, wie typische Alkoholwerbespots aussehen? Ein schlanker Typ sitzt vor dem Fernseher und trinkt ein Bier und im nächsten Moment wird sein Leben zu einer außergewöhnlichen Party. Er wird von allen Frauen begehrt, fährt einen Sportwagen, lebt auf einer entspannenden Insel und muss sich um nichts sorgen.

Und genau auf diese Art und Weise versuchen die Medien dir einzutrichtern, dass du ihre Produkte und Dienstleistungen nutzen musst, um dein Leben vollständig genießen zu können.

Auch ist es heute leider normal, dass Kinder zu viel Kontakt mit Fernsehen und Internet haben und diese großen Einfluss auf ihren Selbstwert haben können. Die Selbstwahrnehmung der Kinder wird stark beeinträchtigt, da Bilder, Musikvideos usw. teilweise so stark manipuliert werden, dass das „Schöne“ und „Perfekte“ unerreichbar zu sein scheint.

Besonders Mädchen leiden unter einem geringeren Selbstbewusstsein, da ihnen durch Film und Werbung von klein auf eingeprägt wird, wie eine Frau auszusehen hat: schön, schlank und sexy. Dass die Bilder der dargestellten Frauen aber das Resultat von gutem Make-up und professioneller Bildbearbeitung sind, versteht ein Kind noch nicht.

Soziale Medien - Facebook, Instagram & Co. – sind aus dem heutigen Zeitalter nicht mehr wegzudenken. Auch hier wird durch das Posten von Bildern vom schönen Leben und tollen Partys der Eindruck vermittelt, dass alles perfekt im Leben anderer läuft, auch wenn es in Wirklichkeit gar nicht so ist, wie es scheint. Man selbst aber zweifelt beim Anblick solcher Bilder an der eigenen Einzigartigkeit des Lebens, der Freunde und der Erlebnisse. Das kann das Selbstbewusstsein ebenfalls stark reduzieren.

Auch wenn Social Media sehr wichtig ist, um beruflich erfolgreich zu sein und Kontakte mit Menschen auf der ganzen Welt geknüpft werden: oft ist es so, dass durch das ständige „online sein" alles um sich herum vergessen wird und das Schöne im Leben – die Realität und das Jetzt – verpasst wird.

Einfach mal alle Geräte aus,
über nichts nachdenken
und den Moment genießen.

Nur auf diese Weise bist du in der Lage, deine ewig kreisenden Gedanken zum Stillstand zu bringen und Bewusstheit zu erleben. Wenn du dich nämlich oft in aktive Bewusstheit versetzt, fällt es dir deutlich leichter, deine Stärken und Schwächen wahrzunehmen. Du bist dann mehr und mehr in der Lage zu erkennen, wo deine Grenzen liegen und wie viel du dir zutrauen kannst. Diesen Vorteil kannst du im privaten sowie im beruflichen Leben erfolgreich einsetzen.

Von Löwen und Schafen

Wir werden in eine Gesellschaft hinein geboren, in der von Anfang an eine Anpassung erwartet wird. Einer meiner Lieblingsautoren, Robert Betz, hat es in seinem Buch „Raus aus den alten Schuhen!" auf eine interessante Weise wie folgt ausgedrückt:

„Wir werden als Löwe geboren, wachsen aber unter Schafen auf und vergessen, dass wir ein Löwe sind, voll unendlicher Kraft, voll unendlicher Kreativität, voll unendlicher Liebe und Lebensfreude. Diesen Vorgang des Schaf-Werdens nennt man im Psychologen-Deutsch „Konditionierung". Wir lassen uns zu angepassten, anständigen, gehorsamen, fernsehsehenden, pillenschluckenden, verängstigten Lämmern erziehen, deren Lebenshöhepunkt darin besteht, ihre Rente zu erreichen.

Diese Art von Lebensweg ist des Menschen wesensfremd bzw. unwürdig. Denn der Mensch ist eigentlich ein machtvolles, göttliches Wesen, das nur vergessen hat, dass es eins ist."

Ich finde diese Beschreibung recht passend für die meisten Menschen, denn durch die Konditionierung verliert der Mensch einen großen Teil seines Selbstbewusstseins und lebt nicht das Leben, das er eigentlich leben möchte und sollte.

Die Gesellschaft erwartet von dir, dass du dich anpasst, indem du in der Schule gute Noten hast, deinen Abschluss erreichst und eine gute Arbeitsstelle findest, bei der du möglichst bis zur Rente durchhältst.

Doch irgendwann kommst du an einen Punkt in deinem Leben, an dem du dich fragst:

„Wozu das alles überhaupt? Habe ich das für mich oder für meine Eltern getan?

Oder für den Staat? Vielleicht, weil es die Gesellschaft so verlangt hat?“

Spätestens hier wird dir bewusst, dass du sehr vieles gemacht hast, doch eines hast du dein ganzes Leben nicht getan: Dein Leben gelebt!

An dieser Stelle hast du einen wichtigen Schritt in der Persönlichkeitsentwicklung getan, nämlich dich deiner „selbst“ bewusst zu werden, denn nur so weißt du, was DU wirklich willst und nicht deine Eltern, der Staat oder die Gesellschaft.

Du bist nicht schuld

Wollen wir wetten, dass du den einen oder anderen der folgenden Sätze schon mindestens einmal gehört hast:

"Ach komm, sei doch nicht so schüchtern."
"Jetzt trau dich mal!"
"Komm doch mal aus dir heraus."
"Sei einfach du selbst."

"Was du brauchst, ist mehr Selbstbewusstsein."

Und was haben sie dir gebracht? Wahrscheinlich so gut wie gar nichts. Aber das ist nicht deine Schuld, weil du nicht wusstest, wie genau du das tun sollst.

Und dieses WIE GENAU ist der entscheidende Unterschied zwischen Erfolg und Misserfolg.

Das erste, was du für ein starkes Selbstvertrauen brauchst, sind die folgenden Dinge: Ausdauer und Geduld!

Es ist wichtig, dass du genau weißt, welche Schritte du unternehmen musst, die dich voran bringen. Denn wenn etwas nicht funktioniert, dann ist es planloses Losrennen ohne Ziel und Verstand. Oder halbherzige Versuche, die du nach anfänglicher Motivation sehr schnell wieder aufgibst.

Fazit: es ist verdammt anstrengend, sich immer wieder mit Disziplin zu quälen, ohne zu wissen, was genau man tun soll.

Kennst du folgende Situationen?

- Du bist nur am Grübeln und es nervt einfach nur, weil es so anstrengend ist. Deine Gedanken drehen sich im Kreis, aber du kommst keinen Schritt vorwärts.
- Es gibt oft Situationen, in denen andere Menschen um dich herum fröhlich und glücklich sind, aber du sitzt ängstlich da und traust dich nicht, aus dir heraus zu kommen.
- In Gruppen hältst du dich immer zurück und wartest darauf, dass andere die Initiative ergreifen.
- Du weißt nicht genau, was du willst und das erzeugt in deinem Leben eine ständige innere Unruhe.
- Du fühlst dich mit deinen Ängsten einfach miserabel.
- Du bist nicht in der Lage zu entscheiden, was richtig und was falsch ist und das kostet viel Kraft.
- Es scheint dir wie ein ewiger Teufelskreis zu sein: Je weniger Antrieb du hast, desto weniger schaffst du

und je weniger du schaffst, desto weniger Antrieb hast du. Diese Tatsache zieht dich einfach nur immer weiter runter.

- Deshalb glaubst du nicht wirklich daran, etwas in deinem Leben verändern zu können.

Diese Erkenntnisse hast du nun:

1. Wie du dein Selbstvertrauen NICHT stärkst!
2. Welche gutgemeinten Ratschläge dir NICHT helfen.

Soll ich dir sagen, was das Hauptproblem beim Aufbau eines starken Selbstvertrauens ist? Du selbst! Denn du stehst dir selbst im Weg und weißt nicht, was genau du tun und wie genau du vorgehen musst. Dir fehlt es an Disziplin und meistens bringst du das, was du angefangen hast, nicht zu Ende, oft aus Angst, es könnte nicht funktionieren.

Sich seinen Ängsten zu stellen und diese loszulassen ist ein großer Kraftaufwand mit vielen Hindernissen, deshalb ist es nicht gerade einfach, ein starkes Selbstvertrauen zu entwickeln. Aber von einfach war nie die Rede! Doch es ist definitiv möglich! Dieses Buch zeigt dir, wie es geht.

Selbstakzeptanz – Lernen, sich selbst zu akzeptieren

Ohne Selbstakzeptanz ist die Entwicklung eines soliden Selbstbewusstseins nicht möglich. Doch was genau bedeutet nun Selbstakzeptanz? Die Selbstakzeptanz ist so eng mit dem Selbstbewusstsein verknüpft, dass man die beiden miteinander verwechseln könnte. Dennoch haben sie eine unterschiedliche Bedeutung. Während Selbstbewusstsein etwas ist, das wir erleben bzw. fühlen, ist Selbstakzeptanz etwas, das wir tun.

Das Konzept umfasst drei Ebenen, welche ich dir nun vorstellen werde.

Die erste Ebene

Wichtig beim Aufbau des Selbstbewusstseins ist der erste Schritt: Die Selbstakzeptanz. Es ist keine Veränderung möglich, solange du dich selber nicht akzeptierst. Mit „Akzeptanz" meine ich nicht, dass du plötzlich alles an dir toll finden sollst. Das würde gar nicht funktionieren. Die Basis für eine positive Veränderung ist, dich selbst anzunehmen und die Dinge so zu akzeptieren, wie sie sind.

Wenn du alles an dir innerlich leugnest, wird es unmöglich bzw. schwierig sein, sich zu verändern. Verstehe bitte Folgendes: Die meisten Probleme werden bereits in dem Moment verschwinden, in dem sie akzeptiert werden. So einfach ist das.

Die Selbstakzeptanz ist ein Akt der Selbstbestätigung – ein natürlicher Egoismus, der das Geburtsrecht jedes Menschen ist. Dennoch gehen wir immer wieder gegen dieses Konzept an, weil es nicht einfach ist, unter anderem deshalb, weil wir von der Gesellschaft und unseren Mitmenschen konditioniert wurden.

Manche Menschen weisen sich selbst auf einer dermaßen tiefen Ebene ab, dass kein Wachstum entstehen kann, bis das Problem behoben ist. Wenn es nicht behoben wird, kann keine Methode, keine Übung und keine Therapie Wirkung zeigen. Psychotherapeuten, die dieses Problem nicht verstehen oder dessen Existenz nicht entdecken, sind häufig verwirrt, weshalb Patienten selbst nach jahrelanger Behandlung keine Steigerungen oder Verbesserungen zeigen.

Diese Einstellung kann eine Person dazu inspirieren, allen Herausforderungen und Problemen entgegenzutreten, ohne unmittelbar in Selbsthass auszubrechen oder ihre eigene Persönlichkeit abzulehnen.

Selbstakzeptanz umfasst des Weiteren die Aussage: „Ich entscheide mich dafür, mich selbst wertzuschätzen, mit Respekt zu behandeln und für mein Existenzrecht einzusetzen."

Dieser primäre Akt der Selbstbestätigung ist das Fundament, aus dem sich das Selbstbewusstsein entwickelt. Es kann sich in deinem tiefsten Inneren verstecken und anschließend erwachen. Es kann dein

Leben mit Licht erfüllen, wenn du von Verzweiflung erfüllt bist.

Die zweite Ebene

Selbstakzeptanz beinhaltet deinen Willen zu „erfahren" - das bedeutet, dass du alle Erfahrungen ungefiltert aufnimmst. Sei nicht ablehnend und nicht ausweichend. Denke was du denkst, fühle was du fühlst und sei genau die Person, die du wirklich bist. Weigere dich, auch nur einen Teil von dir als „fremd" oder „falsch" anzusehen. Akzeptiere deinen Körper, deine Emotionen, deine Gedanken, deine Taten und deine Träume.

Die Bereitschaft, deine Gefühle zu erleben und zu akzeptieren, bedeutet nicht, dass deine Emotionen alles bestimmen, was du tust und sagst. Beispiel: Du bist heute möglicherweise nicht in der Stimmung, zur Arbeit/Schule zu gehen. Du kannst deine Gefühle erleben, anerkennen, akzeptieren und anschließend zur Arbeit/Schule gehen. Das macht es dir einfacher, die Arbeit/Schule zu akzeptieren anstatt dich dagegen zu wehren. Du wirst mit einem klareren und selbstsicheren Verstand arbeiten bzw. lernen, weil du den Tag nicht damit angefangen hast, dich selbst zu täuschen.

Das, wogegen du dich sträubst,
bleibt noch länger bestehen.

Wenn wir negative Erfahrung voll und ganz erleben und akzeptieren, sind wir häufig in der Lage, davon loszulassen. Die negativen Gedanken, die du vor der Akzeptanz hattest – in diesem Fall der Gang zur Arbeit – verlieren somit an Gewicht.

Selbstakzeptanz ist die Bereitschaft, realistisch zu sein und die Realität zu berücksichtigen, wenn es um dich und deine Persönlichkeit geht.

Wenn du negative Gedanken hast, solltest du die vollständige Realität dieser Erfahrung akzeptieren. Rationalisiere deine Erfahrung nicht und lehne sie genauso wenig ab. Du fühlst, was du fühlst und akzeptierst die Realität deiner Erfahrung.

Selbst wenn du auf eine Art und Weise gehandelt hast, wegen der du dich später schämen könntest, hast du dennoch gehandelt. Das ist die Realität – mach dich deshalb nicht verrückt. Sei bereit, mit beiden Beinen fest in der Gegenwart zu stehen und zu wissen, was wahr ist. Selbstakzeptanz ist die Voraussetzung für Veränderungen und Wachstum.

Wenn du dementsprechend mit einem Fehler konfrontiert wirst, den du begangen hast und anschließend akzeptierst, dass du dafür verantwortlich bist, kannst du daraus lernen und in Zukunft anders handeln. Somit wirst du dir keine Schuld geben und mit klarem Verstand nach vorn schauen.

Die dritte Ebene

Selbstakzeptanz umfasst außerdem ein Konzept des Mitgefühls – vor allem dir selbst gegenüber. Es geht darum, dass du dir selbst ein Freund bist. Du kannst andere Menschen beispielsweise nicht verstehen oder nachvollziehen, wenn du lediglich weißt, was für falsche und schlimme Dinge sie getan haben. Du musst wissen, durch welche internen Überlegungen ein Verhalten ausgelöst wird.

Jeder Mensch ist ein Individuum und verhält sich auf seine Art und Weise wie er es für richtig hält. Und natürlich ist nicht jede Handlung etwas Positives. Aber es gibt immer einen Kontext – selbst für die scheinbar schlimmsten Handlungen. Das bedeutet nicht, dass die Handlungen gerechtfertigt sind, sondern nur, dass sie nachvollzogen werden können.

Wenn du einsiehst und akzeptierst, dass jeder Mensch einen Grund für seine Handlung hat und diese Handlung nicht abwertest, bist du frei von Vorurteilen anderen Menschen gegenüber. So bist du auch in der Lage, dir selbst gegenüber Mitgefühl entgegenzubringen.

Hast du in der Vergangenheit Dinge getan oder gesagt, auf die du heute nicht besonders stolz bist? Du würdest am liebsten die Zeit zurück drehen, um das Geschehene rückgängig zu machen? Du magst einige deiner vergangenen Taten und Gedanken verachten, dennoch solltest du dir selbst gegenüber mitfühlend sein und darüber nachdenken, welche Motive dich bewegt haben. Sei dir stets ein loyaler Freund und werde dir bewusst, dass du zu diesem Zeitpunkt einen Grund hattest, so zu handeln. Es war in diesem Augenblick einfach nicht anders möglich.

Nachdem du Verantwortung für deine Taten übernommen hast, kannst du den tieferen Kontext betrachten. Eine derartige akzeptierende und mitfühlende Vorgehensweise befürwortet oder fördert unerwünschte Verhaltensweisen nicht zwingend. Ganz im Gegenteil – sie sorgt dafür, dass sie umso seltener auftreten. Du bist in der Zukunft in der Lage, dein Handeln besser zu steuern.

Entwicklung deines Selbstbewusstseins: Die Theorie

Selbstbewusstsein ist keine Einheit. Es ist nicht etwas, was du dir selbst verabreichen kannst. Du kannst lediglich eine selbstbewusste Art annehmen und dich selbstbewusst verhalten. Deshalb wirst du keine Pille finden, die dein Selbstbewusstsein steigert.

Ein geringes Selbstbewusstsein trägt dazu bei, dass man sein Potential nicht ausschöpft, welches man entwickeln könnte, um erfolgreich zu sein. Der Mensch entwickelt sich schrittweise durch Handlungen und Erlebnisse. Jede Entscheidung im Leben trägt dazu bei, ob man sein Selbstvertrauen steigert oder eher nicht. Jede positive Entscheidung steigert das Selbstbewusstsein in diversen Bereichen – beruflich oder privat – und lässt Mut entstehen, so dass man sich in einer Aufwärtsspirale befindet.

Wenn du dich selbstbewusst verhältst, hast du Selbstbewusstsein. Andererseits gilt aber auch: wenn du dich unsicher verhältst, wird es dir an Selbstbewusstsein fehlen.

Was ist Selbstbewusstsein also genau? Es ist im Grunde genommen ein Prozess, den du gedanklich ausführst, was du also über dich selbst denkst und wie du dich wahrnimmst. Dasselbe gilt für Emotionen wie Angst, Depressionen und Trauer. Nicht eine dieser Emotionen ist greifbar oder realistisch. Sie resultieren aus verschiedenen Prozessen – eine Serie von Gedanken, die in deinem Verstand existieren. Sätze wie „Ich bin zu dick oder zu dünn, ich kann das nicht und ich schaff das nicht…„ oder „Andere sind klüger, mir ist es schon immer schwer gefallen“ und so weiter.

In der Regel sind solche Gedanken Glaubenssätze (Überzeugungen, Meinungen und Einstellungen), die du im Laufe deines Lebens verinnerlicht hast. Solche Glaubenssätze entstehen aus der Bewertung und Verarbeitung deiner früheren Erlebnisse und bestimmen dein alltägliches Verhalten.

Verändere deine Glaubenssätze
und du veränderst den Fokus deiner
Wahrnehmung der Welt.
Damit verändert sich die Welt für dich.
So wirst du alles für dich möglich machen!

Sobald du verstehst, dass all das nur in deinem Kopf passiert, ist es am wichtigsten zu verstehen, dass du all diese Prozesse kontrollieren kannst. Nur du kannst bestimmen, welcher mentale Prozess nützlich für dich ist und welcher nicht – daraufhin kannst du die negativen mentalen Prozesse unterbrechen, aufhalten und aus deinen Gedanken verbannen.
Lobe dich selbst, wenn du einen negativen Prozess erfolgreich aufgehalten und einen selbstbewussten Prozess angefangen hast. Wenn du dich selbst wertschätzt, gewinnst du an Motivation, sodass du den selbstbewussten Prozess weiterführen kannst – so wird ein positiver Kreislauf entstehen.

Den Kritiker in deinem Kopf zähmen

Was denkst du, wer der größte Kritiker in deinem Leben ist? Nicht deine Eltern, Freunde, Chef, Kollegen... Der größte Kritiker bist du selbst! Es ist deine innere Stimme, die dich klein und minderwertig fühlen lässt, sobald dir etwas misslungen ist.

Man kann den inneren Kritiker auch als den weltberühmten inneren Schweinehund bezeichnen, der dich überall hin begleitet und dich auf all deine Schwächen hinweist. Kommt dir folgende Situation bekannt vor? Du bist enttäuscht von dir, wenn dir etwas misslungen ist. Schon meldet sich der innere Schweinehund und schreit: „Ich wusste, ich schaffe es nicht! Warum habe ich damit bloß angefangen? Ich kriege nie etwas auf die Reihe!“

Weitere seiner Lieblingssätze sind: „Du solltest endlich abnehmen“, „Du bist nicht gut genug für eine glückliche Partnerschaft“, „Du kannst keinen besseren Job bekommen, weil du in der Schule eine Niete warst“ und so weiter. Das Schlimmste, was du machen kannst ist, dass du dieser kritischen Stimme auch Recht gibst! Lasse dich davon nicht beeinflussen und habe niemals Angst davor zu scheitern! Scheitern gehört im Leben dazu und nur aus Fehlern kannst du lernen und dich weiterentwickeln. Wobei ich das Wort Fehler anders verwende: statt „Fehler“ nenne ich es lieber eine „wertvolle Erfahrung, aus der ich lernen kann“. Bitte achte darauf, wie du mit dir selbst redest, denn das hat großen Einfluss auf dein Selbstbewusstsein.

Deine Aufgabe besteht darin, den inneren Kritiker zu zähmen. Wann immer er sich meldet, sage selbst zu dir: STOP!!! So wird dir immer mehr bewusst, dass die Negativität in deine Gedanken einzieht und kannst sie rechtzeitig aufhalten und dich davon lösen.

Halte dir Folgendes immer vor Augen:

- Du bist die wichtigste Person in deinem Leben, die am meisten Zuneigung und Zeit verdient.
- Führe eine großartige und gesunde Beziehung mit dir selbst.
- Respektiere dich voll und ganz.
- Gratuliere dir selbst, wenn du es schaffst, deine Komfortzone zu verlassen.
- Genieße deine Siege und Erfolge.
- Du bist stark, glaube an dich.
- Du hast ein wundervolles Leben verdient und solltest jeden Tag genießen.

Achte und wertschätze dich
selbst so sehr, dass du sagen kannst:
Ich verdiene Liebe, Frieden und Freude.
Löse dich von Dingen und Menschen,
die dich davon abhalten.

Lerne die richtige Wortwahl

Wenn du dir selbst und anderen Menschen aufmerksam zuhörst, wirst du realisieren, dass sich das Vokabular selbstbewusster Menschen, vom Vokabular unsicherer Menschen unterscheidet. Der Großteil der Menschen spricht in der Regel instinktiv und reflexartig, sodass der genauen Wortwahl keine Beachtung geschenkt wird. Wenn du schlecht über dich redest, sind Ärger, Stress und Sorgen vorprogrammiert, weil das Leben deinen Gedanken folgt.

Die Folge ist, dass wenn du deine Wortwahl veränderst, du neue Denkmuster kreieren und die Dinge aus einer neuen Perspektive sehen kannst. Je öfter du das tust, desto selbstbewusster wirst du. Der Schlüssel ist die Einführung eines positiven Vokabulars in deinen Alltag. Mit dem richtigen Vokabular kannst du also nicht nur deine Denkweise verändern, sondern dein gesamtes Leben.

Was ist also ein positives Vokabular? Es gibt genau zwei Sorten von Worten. Wenn du die erste Sorte in dein Vokabular einführst, erhöhst du deine Chancen selbstbewusster zu werden. Wenn du jedoch die zweite Sorte aus deinem Wortschatz entfernst, erhältst du ein unerschütterliches Selbstbewusstsein. Ich werde im nächsten Abschnitt detaillierter auf diese Worte eingehen.

Vorerst schauen wir uns an, inwiefern eine kleine Veränderung deiner Wortwahl dir helfen kann, negative Denkprozesse zu unterbrechen und zu verhindern.

Nehmen wir an, du hast Angst, eine Person anzusprechen, die du sehr attraktiv findest. Wie würdest du diese Angst beschreiben? Wenn du beispielsweise sagst: „Ich kann ihn oder sie nicht ansprechen, weil ich Angst davor habe, abgewiesen zu werden“, nimmst du eine negative Haltung ein. Dabei weißt du gar nicht, ob du abgewiesen wirst, es sind nur die Gedanken in deinem Kopf.

Wenn du also über eine gewisse Handlung nachdenkst und dich fürchtest, wird in deinen Gedanken ein Prozess eingeleitet, den du als „Angst“ bezeichnest. Wenn du diese Reihe von Ereignissen verstehst, wirst du automatisch realisieren, dass die ursprüngliche „Angst vor dem Ansprechen“, lediglich ein mentaler Prozess ist und dieser umgekehrt werden kann.

Ebenso hat deine Art zu reden großen Einfluss auf deine Ausstrahlung. Du zeigst deine selbstbewusste Autorität, indem du langsam und deutlich sprichst.

Die Tabuwörter

Wie du bereits im letzten Abschnitt erfahren hast, gibt es zwei Wortarten, die enorme Auswirkungen auf dein Leben und deine Persönlichkeit haben. Schauen wir uns nun die Wortart an, die du aus deinem Vokabular entfernen solltest.

Wenn du dich jemals dabei erwischst, wie du eines dieser Worte nutzt, solltest du dir Folgendes vor Augen halten: „Ich benehme mich gerade wie mein altes Ich. Ich bin nicht mehr schüchtern. Ich habe Selbstbewusstsein und verhalte mich dementsprechend selbstbewusst. Ich werde ein besseres und stärkeres Vokabular nutzen."

Mache dich deshalb jedoch nicht fertig. Akzeptiere lediglich den Fakt, dass du hin und wieder über negative Wörter stolpern wirst und eliminiere sie, sobald es vorkommt.

Hoffen

Das erste Wort, welches du womöglich niemals aus dem Mund einer selbstbewussten Person hören wirst, lautet „Hoffen." Genau, die Hoffnung ist eine wundervolle Sache, die jeder Mensch im Leben haben sollte – sie führt jedoch dazu, dass eine Person davon ausgeht, in Zukunft nicht zu handeln.

Sätze wie: „Ich hoffe, die Situation verbessert sich irgendwann“ oder „Ich hoffe, dass sie mich verstehen werden“, demonstrieren dir mit Sicherheit, was für eine Auswirkung ein einzelnes Wort auf deine Motivation haben kann.
Vergleiche diese Sätze im Folgenden: „Ich werde mich anstrengen und alles geben, damit sich meine Situation verbessern kann“ oder „Ich werde hart arbeiten, bis die Dinge sich bessern.“ Dadurch wird ein unterschwelliger und dennoch wirkungsvoller Unterschied zwischen den beiden Denkweisen deutlich.

Wenn du darauf hoffst, dass gewisse Geschehnisse eintreten, nimmst du eine reaktive Haltung ein. Wenn du hingegen eine proaktive Haltung einnimmst, kannst du handeln und dafür sorgen, dass du erfolgreicher und selbstbewusster bist.

Befreie dich von dem Gedanken: „Ich hoffe, dass die Dinge so ausgehen, wie ich es mir wünsche.“ Beobachte das Ganze aufmerksam – wenn du das Wort „Hoffen“ in diesem Kontext benutzt, solltest du dich unterbrechen und sagen: „Was kann ich tun, um die Dinge positiver zu gestalten oder meinen Erfolg sicherzustellen?“

Aber

Dieses Wort hat die Kraft, alles zu widerlegen, was davor gesagt wurde. Wenn du zum Beispiel sagst: „Ich möchte nach Spanien fliegen, habe momentan aber nicht genug Geld.“, klingt es so, als würdest du nicht nach Spanien fliegen wollen. Wenn eine Person den Begriff „Aber“ hört, versteht sie automatisch, dass sie alles ignorieren kann, was davor gesagt wurde. Wie kannst du dieselbe Botschaft also besser vermitteln?

Probiere es so: „Ich habe kein Geld, aber ich möchte nach Spanien fliegen.“ Hast du den Unterschied bemerkt? In dem Szenario klingt es so, als würdest du nach Spanien fliegen wollen. „Aber“ sorgt immer dafür, dass Aussagen widerlegt werden – stelle also sicher, dass du es richtig anwendest.

Weitere negative Ausdrucksweisen und Wörter sind:

- Vielleicht. Besserer Ausdruck: Auf jeden Fall!
- Ich muss. Lieber sagen: Ich will.
- Problem. Es gibt keine Probleme, sondern nur Herausforderungen.

Ebenfalls solltest du ab sofort folgende Sätze aus deinem Wortschatz streichen:

- Ich kann das nicht.
- Das schaffe ich nicht.
- Ich bin dafür zu faul.
- Ich war und bin nicht gut genug.
- Ich habe für so etwas keine Zeit, das bringt ja eh nichts.

Solche Sätze sind in allen Lebenslagen einfach nur deprimierend und berauben dich extrem an Selbstwert.

Selbstbewusste Wörter

Nachdem wir uns die Wörter und Sätze angeschaut haben, die keine selbstbewusste Person nutzt oder nutzen sollte, sind nun Wörter an der Reihe, die dein Selbstbewusstsein nicht nur stärken, sondern auch deine Mitmenschen motivieren werden.

Während du diese Wörter zu einem festen Bestandteil deines Vokabulars machst, wirst du eine Denkweise annehmen, die dein Selbstbewusstsein in die Höhe katapultieren wird. Im Grunde genommen geht es darum, dass diese Wörter dein Selbstbewusstsein darstellen und zeigen, dass du deine Ziele kennst.

Die folgende Liste enthält einige der besten Wörter, die du in deinen Wortschatz einbauen solltest, um einen Selbstbewusstseinsschub zu erhalten:

- positiv
- definitiv
- absolut
- zweifelsohne
- sicher
- garantiert
- natürlich
- mit Sicherheit
- selbstverständlich
- gewiss ohne Frage
- auf jeden Fall

Inwiefern können diese Wörter deine Denkweise und Persönlichkeit beeinflussen? Sie vermitteln folgende Botschaft: „Es ist wie es ist. Ich bin mir sicher und habe keine Zweifel.“ Nachdem du anfängst diese Wörter regelmäßig in deinen Unterhaltungen zu nutzen, werden sich deine Einstellung und dein Denkmuster drastisch verändern.

Des Weiteren wirst du realisieren, dass Menschen anders auf dich reagieren, weil dein Vokabular einen positiven Effekt auf sie haben wird. Nehmen wir an, jemand fragt dich: „Was möchtest du unternehmen?“ Was würdest du daraufhin antworten?
Antwort A: „Ich weiß nicht. Ich habe mir darüber keine Gedanken gemacht. Ich bin mir nicht sicher.“

Antwort B: „Ich möchte mir auf jeden Fall diesen Film im Kino ansehen!“

Welche dieser beiden Aussagen hört sich deiner Meinung nach selbstbewusster an? Dieses simple Beispiel demonstriert bereits den enormen Unterschied zwischen einer Person, die selbstbewusst ist und weiß, was sie tun möchte und einer Person, die vielleicht etwas erreichen möchte, aber zu unsicher ist, etwas zu sagen.

Die Macht der Gefühle

Es ist wunderbar, wenn du ein Gefühl in dir erzeugen kannst, eine persönliche Macht und das eigene Leben unter Kontrolle zu haben. Es ist möglich, dieses Gefühl in dir entstehen zu lassen, wenn du dich jetzt dafür entscheidest, dein Bestes zu tun, um das Beste aus deiner momentanen Situation zu machen, ganz gleich wie du dich gerade fühlst. Suche den sich am besten sich anfühlenden Gedanken, der dir in der momentanen Situation einfällt. Dann den nächsten und den nächsten. Am besten funktioniert es, wenn du an schöne Erlebnisse denkst, bei denen du glücklich warst. Du wirst schnell feststellen, dass du dich wesentlich besser fühlst als vorher.

Was die Körpersprache aussagt

Wusstest du, dass deine Körpersprache nach außen hin viel über dein Selbstwertgefühl verrät? Deine internen Gefühle sind eng mit deiner Physiologie verknüpft. Bereits kleine Änderungen wie zum Beispiel eine aufrechte Körperhaltung strahlen mehr Selbstbewusstsein aus. Deine Muskelspannung und Körperhaltung beeinflusst deinen Gefühlszustand. Wenn du leicht gebeugt stehst, deine Schultern herunter hängen lässt sowie einen gesenkten Blick und herunter gezogene Mundwinkel hast, ist es unmöglich, sich selbstbewusst zu fühlen.

Es ist ein großer Unterschied, wenn du mit hängenden Schultern eine Aufgabe beginnst und du enttäuscht feststellst, dass nichts klappt. Die Situation scheint dir hoffnungslos zu sein. Oder wenn du eine selbstbewusste Körperhaltung einnimmst, dich aufrecht hinstellst, leicht lächelst, die Schultern nach hinten nimmst und zu dir sagst: „Ich gebe nicht auf, ich schaffe das!“ Schlagartig verändern sich auch deine Gefühle, denn auf diese Weise steigt dein Selbstbewusstsein. Kaum zu glauben, welch große Wirkung eine einfache Änderung der Körperhaltung hat!

Wenn du dich anstrengst und deine Einstellung bewusst änderst, indem du eine selbstbewusste Körperhaltung einnimmst, kannst du deinen internen Zustand kontrollieren, sodass du ruhiger und gelassener sein kannst.

Der Gang

Die Gelassenheit selbstbewusster Menschen lässt sich häufig an ihrem Gang wiedererkennen. Das bedeutet nicht, dass du pompös und angeberisch gehen sollst, so dass jeder sehen soll, dass du selbstbewusst bist. Stattdessen solltest du deinen Gang mit einer gewissen Gelassenheit und Coolness füllen, sodass du aufrecht und mit bewussten und stolzen Schritten durch die Welt gehst. Dieses solltest du täglich üben, denn auf diese Weise lernst du, in deinem eigenen Tempo zu gehen.

Du wirst nicht ständig auf den Boden schauen, gekrümmt gehen oder schlurfen.

Wenn du eine selbstbewusste Person beim Gehen beobachtest, kannst du regelrecht spüren, wie sie denkt: „Ich bin erfolgreich und einfallsreich, weil ich nicht an mir zweifle und weiß, dass ich gewisse Dinge gut kann." Übe den Gang einer selbstbewussten Person und du wirst in der Lage sein, die positiven und selbstbewussten Gedanken nach außen zu projizieren. Sobald der selbstbewusste Gang Teil deiner Körpersprache wird, wirst du merken, dass sich deine Persönlichkeit tiefgreifend auf positive Weise verändern wird.

An dieser Stelle möchte ich dich jedoch darauf hinweisen, dass es nicht ausreicht, nur durch die Körperhaltung große Veränderungen an deinem Selbstbewusstsein zu bewirken. Erst durch das Zusammenspiel der äußeren, also körperlichen Haltung sowie der inneren Veränderung, also deiner Glaubenssätze, wirst du echte Erfolge erzielen.

Augenkontakt

Selbstbewusste Menschen können anderen Leuten direkt in die Augen schauen, weswegen sie häufig als ehrlicher und aufrichtiger wahrgenommen werden, als Personen, die direkten Augenkontakt vermeiden. Konzentriere dich darauf, deinem Gegenüber direkt in die Augen zu schauen (aber ohne zu starren). Das wird nicht nur dein Selbstbewusstsein signalisieren, sondern dich ebenfalls gut in deinem Körper fühlen lassen. Dein Gesprächspartner wird dich zudem automatisch respektieren, wenn er bemerkt, dass du eine Aura des Selbstbewusstseins ausstrahlst.

Wenn du gerade dabei bist, dein Selbstbewusstsein aufzubauen und anderen Menschen nicht direkt in die Augen schauen kannst, ist das völlig normal, da du dich noch am Anfangspunkt befindest. Die folgende Übung wird dir dabei helfen, auf natürliche Art und Weise Augenkontakt zu halten. Mit ihr kannst du den Anfang einer positiven Angewohnheit formen. Hierzu eine kleine, aber effektive Übung:

Für diese Übung benötigst du einen Partner, der dich unterstützt – wie zum Beispiel einen Freund, ein Familienmitglied oder deinen Lebenspartner. Stelle einen Wecker, sodass er nach fünf Minuten klingelt. Setze dich gegenüber von deinem Partner hin und schaue ihm oder ihr direkt in die Augen.

Während du die Übung ausführst, wirst du gelegentlich den Drang empfinden wegzuschauen oder zu lachen. Versuche konzentriert weiterzumachen, falls du aus der Rolle fällst. Führe diese Übung fünf Minuten lang durch. Du kannst sie im Laufe des Tages so häufig durchführen, wie du möchtest. Schon bald wirst du entdecken, welche Vorteile es mit sich bringt, wenn man direkten und selbstbewussten Augenkontakt aufrechterhalten kann.

Nach dieser Übung kannst du deine Erfahrungen in der echten Welt zeigen, z. B. der Verkäuferin im Geschäft in die Augen blicken, während du nach Informationen zu einem Artikel bittest oder die Bedienung im Restaurant anschaust und um die genaue Beschreibung eines unbekannten Gerichtes bittest. Es gibt so viele Möglichkeiten! Du wirst nicht glauben, wie einfach es ist, durch Augenkontakt zu kommunizieren und du wirst mit der Zeit merken, dass dir das immer leichter fallen wird.

Die Magie der Berührungen

Selbstbewusste Menschen sorgen dafür, dass andere sich in ihrer Gegenwart wohlfühlen. Um das zu erreichen, nutzen sie unter anderem die Magie der Berührungen.

Es ist wissenschaftlich nachgewiesen, dass körperliche Berührungen die Bindung zwischen Menschen unterstützt, Ängste reduziert, die allgemeine Stimmung verbessert und Verbundenheit schafft.
Körperkontakt ist eine hervorragende Methode, um eine starke Bindung mit anderen Menschen aufzubauen. Ob die Berührung nun ein stolzer Klaps auf den Rücken, ein fester Händedruck oder eine warmherzige Umarmung ist – Menschen reagieren auf freundliche Berührungen in der Regel positiv.

Fällt dir auf Anhieb eine Person ein, die freundlich und warmherzig ist? Hast du jemals bemerkt, wie diese Person im Umgang mit anderen Menschen ist? Es ist sehr wahrscheinlich, dass diese Person während ihrer zwischenmenschlichen Interaktionen Körperkontakt wie zum Beispiel herzliche Umarmungen anwendet.

Wenn du die Vorteile der Berührungen in Erwägung ziehst, fallen dir möglicherweise viele verschiedene Kontexte im Alltag ein, in denen du sie nutzen kannst, um dein Selbstbewusstsein zu steigern.

Ich möchte dich an dieser Stelle dennoch vorwarnen. In der heutigen Zeit, in der das Thema sexuelle Belästigung häufig aufkommt und zudem extrem kontrovers ist, solltest du sehr vorsichtig sein, bevor du von der Magie der Berührungen Gebrauch machst. Stelle sicher, dass du vorab weißt, wie die andere Person deine Berührung wahrnehmen und interpretieren könnte.

Dein Lächeln

Wenn du dich als selbstbewusst zeigen möchtest, solltest du lächeln. Lächle jede Person an, die dir entgegenkommt. Tu es zu Hause, auf der Arbeit, im Fitnessstudio. Egal was du tust, wo du bist und wie du dich fühlst – lächle, um dich und andere Menschen gut fühlen zu lassen. Sobald du ein Experte im Lächeln bist, kannst du anfangen, Small Talk zu halten. Das wird dir dabei helfen, selbstbewusster mit anderen zu reden. Du wirst realisieren, dass du problemlos eine Unterhaltung anfangen und halten kannst. Ganz nebenbei produziert dein Gehirn, sobald du lächelst (auch wenn das künstlich aufgesetzt ist), jede Menge Glückshormone!
Wenn du ein von Natur aus fröhlicher Mensch bist, wird es dir nicht schwerfallen, andere Menschen anzulächeln.

Wenn du hingegen eher schüchtern bist und nicht häufig lächelst, musst du dich möglicherweise ein wenig anstrengen. Schon bald wirst du merken, dass die Menschen dein Lächeln erwidern. Diese Erkenntnis wird dir umso mehr Selbstbewusstsein schenken und dich dazu motivieren, die Gewohnheit fortzusetzen.

Lächle so oft du kannst, da es nichts kostet und auch noch extrem effektiv ist. Zudem wirken Menschen, die auf eine natürliche Art und Weise lächeln, authentischer, vertrauenswürdiger und „echter" auf andere Menschen.

Hilf also anderen Menschen dabei, deine versteckten Eigenschaften zu sehen, indem du sie anlächelst.

Zwischenmenschliche Fähigkeiten

Ein tiefgreifendes Verständnis der zwischenmenschlichen Fähigkeiten kann dein Selbstbewusstsein in die Höhe schießen. Wenn du verstehst, wie andere Personen funktionieren, kannst du effektiver mit ihnen verknüpfen.

Stelle dir eine Person vor, die du gut kennst und der es offensichtlich nicht an Selbstbewusstsein mangelt. Folgende Eigenschaften gefallen dir an dieser Person mit hoher Wahrscheinlichkeit am meisten und sind das Fundament der meisten Beziehungen bzw. Verhältnisse:

- Bewunderung
- Unterstützung
- Ähnlichkeit

Jeder Mensch mag es, bewundert zu werden. Wir wollen Komplimente für unsere Errungenschaften erhalten. Häufig sind Angestellte nicht unzufrieden, weil sie nicht gut genug bezahlt werden, sondern weil sie nicht genügend Anerkennung bekommen.

Das nächste Element, das einen Menschen sympathisch und selbstbewusst erscheinen lässt, ist Unterstützung. Ohne Unterstützungen gibt es so gut wie kein Fundament für eine Beziehung. Menschen, die dich unterstützen, nehmen mit dir an unterschiedlichen Tätigkeiten teil oder helfen dir mit deinen Problemen – sie sind logischerweise liebenswerter als Personen, die dir nicht helfen.

Ähnlichkeit ist die letzte Komponente, die Menschen dazu bringt, dich zu mögen, weil sie davon ausgehen, dass du ihnen ähnlich bist. Du hast möglicherweise einige Eigenschaften mit deinem besten Freund/Freundin oder deinem Lebenspartner gemeinsam. Dazu können ähnliche Ziele, Glaubenssätze, Hobbys und Einstellungen gehören. Wenn du das Prinzip der Ähnlichkeit verstehst, kannst du starke, zwischenmenschliche Beziehungen und somit ein starkes, persönliches Selbstbewusstsein entwickeln.

Selbstbewusstsein aktiv stärken: So geht´s

Nun kommen wir aber in die Praxis. Ich zeige dir in den folgenden Kapiteln viele praktische Tipps, mit denen du dein Selbstbewusstsein stärken kannst. Du kannst es wie ein tägliches Training und Investition in dich selbst sehen, wovon du ein Leben lang profitieren wirst. Das Selbstbewusstsein ist trainierbar, genau wie jede andere Fähigkeit.

Eines vorab: Die Stärkung des Selbstbewusstseins kann nicht von einen Tag auf den anderen passieren. Jede neue Gewohnheit benötigt zwischen 20 und 60 Tagen, um Erfolge zu spüren. Das ist bei jedem Menschen unterschiedlich. Aber was sind schon ein paar Wochen oder Monate im Vergleich zu mehreren Jahren oder gar Jahrzehnten, die dein Leben mit Minderwertigkeitsgefühlen erfüllt haben?

Wenn du die Übungen und Tipps in diesem Buch anwendest, diese in dein Leben integrierst und zur täglichen Routine werden lässt, wirst du bald zu diesen Menschen gehören, die Selbstbewusstsein ausstrahlen und die man gerne in seiner Nähe hat.

Bist du bereit, dein Leben in die Hand zu nehmen? Dann legen wir los!

1. Finde dein WARUM

Was meine ich damit? Es ist ganz einfach. Dein WARUM zu kennen ist der erste Schritt in Richtung Veränderung und Wachstum, Selbsterkenntnis und Stärkung des Selbstbewusstseins. Sobald du dein WARUM gefunden hast, fängt das eigentliche Leben an.

Einfach nur damit zu beginnen, mit den vorgegebenen Übungen und Techniken den Selbstwert zu steigern würdest du möglicherweise nicht lange durchhalten und vielleicht sogar frustriert aufgeben, weil es eventuell nicht so funktioniert, wie du dir das vorgestellt hast.

Es geht dabei darum, die Gründe zu finden, WARUM du dein Selbstbewusstsein stärken willst. Werde dir bewusst, was dich antreibt und stelle dir gezielt Fragen wie:

- Warum will ich mein Selbstbewusstsein stärken? Vielleicht weil ich es satt habe, schüchtern zu sein und nicht aus mir rauszukommen.
- Warum will ich nicht mehr schüchtern sein? Womöglich weil ich mich deswegen nicht traue, meinen Schwarm anzusprechen. Oder bei der Arbeit zu allem Ja und Amen sage, obwohl ich mich nicht wohl dabei fühle.
- Warum will ich unbedingt meinen Schwarm ansprechen? Warum ist es wichtig, auch mal nein sagen zu können? Weil ich nicht glücklich bin als Single und es verdient habe, eine/n liebevolle/n Partner/in an meiner Seite zu haben. Weil ich mich bei der Arbeit nicht ausnutzen lassen möchte, sondern stattdessen für meine Leistungen anerkannt werden will.

Stelle dir eine Liste mit deinen eigenen WARUM-Fragen auf, denn jeder Mensch hat andere Wünsche, Prioritäten und Ziele im Leben, die ihn antreiben. Die Fragen müssen klar formuliert und fortgesetzt werden, weil dir erst dadurch deine Antwort bewusst wird.

Erst wenn du dein WARUM kennst, wirst du genug Antrieb haben und voll motiviert dein Selbstbewusstsein stärken.

2. Mache eine „Bestandsaufnahme“

Nimm dir Zeit für diese wichtige Übung und lasse dich nicht ablenken von Fernsehen, Smartphone oder Telefon. Stelle dich vor einen Spiegel, in dem du deinen ganzen Körper sehen kannst. Betrachte dich darin und konzentriere dich nicht auf deine Klamotten oder auf dein Make-up, sondern nur auf dich selbst.

Betrachte nun dein Gesicht. Was gefällt dir darin am meisten? Schaue dir dabei in die Augen und sage zu dir selbst, dass du liebenswert und wundervoll bist (egal, wie sehr deine Gedanken gegen diese Worte rebellieren). Bleibe für mindestens eine Minute dabei.

Anschließend betrachtest du den Körper weiter hinunter. Welche Gedanken fallen dir dazu ein? Achte auf deine Gefühle, während du dein Spiegelbild anschaust.

Mit Sicherheit wirst du vieles an dir entdecken, was dir vorher gar nicht aufgefallen ist, weil du dich noch nie so genau unter die Lupe genommen hast. Achte darauf, ob es dir schwerfällt und ob du dich dabei unwohl fühlst. Versuche dabei jede Kritik deinem Körper gegenüber zu vermeiden. Die Übung mit gerader Körperhaltung und zurück gezogenen Schultern wird dir wesentlich leichter fallen, da du dadurch unbewusst Stärke ausstrahlst.

Menschen mit geringem Selbstbewusstsein sehen beim Anblick im Spiegel zuerst die Falten unter ihren Augen statt der schönen Augenfarbe. Beim Lächeln entdecken sie eher die etwas schief geratenen Zähne statt der tollen Ausstrahlung, die sie zum Ausdruck bringen. Sie können sich anstrengen, können aber nichts Positives an sich entdecken.

Das ist traurig, aber die gute Nachricht ist, dass jedes noch so geringe Selbstbewusstsein umgewandelt werden kann in pure Lebensfreude, Selbstliebe und positive Ausstrahlung. Als selbstbewusster Mensch empfindest du innere Zufriedenheit, bist glücklich über alles, was dir im Leben passiert (weil du negative Ereignisse problemlos umwandeln kannst) und wirkst auf andere Menschen geradezu anziehend. Beruflicher und privater Erfolg folgen automatisch.

3. Entwickle positive Glaubenssätze

Es ist längst wissenschaftlich nachgewiesen, dass unser Glaube unsere Realität erschafft. Die Glaubenssätze, die du im Laufe des Lebens entwickelt hast, prägen sehr dein Verhalten und Handeln.

In der Persönlichkeitsentwicklung ist es fundamental, die richtigen Glaubenssätze

zu entwickeln. Wenn sich jemand mehr als einen Loser sieht, als einen Gewinner, wird er den Glaubenssatz „Ich bin ein Gewinner“ niemals annehmen. Genauso wird ein Mensch niemals glücklich und erfolgreich werden, wenn er überzeugt davon ist, kein Glück und keinen Erfolg verdient zu haben. Wenn ein Mann glaubt, er habe keine hübsche Frau verdient, sabotiert er unbewusst alle Versuche, eine attraktive Frau anzusprechen.
Wenn du überzeugt davon bist, etwas nicht zu können, etwas nicht zu schaffen und nicht gut genug für etwas zu sein, dann wirst du dich (unterbewusst) auch so verhalten.

Meistens ist es so, dass du deine Glaubenssätze von anderen übernommen hast oder schlechte Erfahrungen bilden bis heute deine Glaubenssätze. Beispiele für solche Glaubenssätze sind:

- Ich bin nichts wert, weil ich nichts kann.
- Lieber sage ich nichts, weil meine Meinung sowieso niemanden interessiert.

- Ich muss reich sein, dann bin ich beliebt und habe mehr Selbstbewusstsein.
- Mein ganzes Leben lang war ich unbeliebt, warum sollte ich das ändern können?
-

<u>So veränderst du deine Glaubenssätze:</u>

Schritt 1: Zunächst einmal solltest du deine Glaubenssätze herausfinden. Mache es am besten schriftlich, denn das macht die Übung effektiver. Mache dir bewusst, woran du glaubst, damit du deine Glaubenssätze verändern und dein Selbstbewusstsein stärken kannst. Die Sätze von oben sollten dir als Beispiele dienen, aber mit Sicherheit hast du jede Menge deiner eigenen Glaubenssätze entwickelt.

Schritt 2: Nun überprüfe bitte deine Glaubenssätze. Glaubst du wirklich, dass dich diese Einstellung im Leben weiter bringt? Wie kannst du diesen Glaubenssatz so umformulieren, dass es sich gut anfühlt?

Schritt 3: Jetzt kannst du deinen neuen Glaubenssatz formulieren. Nimm dafür ein neues Blatt Papier und schreibe alle Glaubenssätze auf, die dir einfallen, die dein Selbstbewusstsein stärken sollen. Beispiel: „Ich kann es im Moment noch nicht, aber ich werde mich anstrengen und es schaffen." Oder: „Ich bin ein liebenswerter Mensch und habe es verdient, gut behandelt zu werden." Hier noch ein neuer Glaubenssatz: „Ich werde mit diesem Buch arbeiten, mein Selbstbewusstsein stärken und somit den Grundstein für ein glückliches und erfolgreiches Leben legen!" Und so weiter.

Lies deine neuen Glaubenssätze mindestens zwei Mal am Tag durch. Morgens nach dem Aufstehen (ist doch wunderbar, den Tag so zu beginnen!) und abends vor dem Schlafengehen (im Schlaf wird dein Unterbewusstsein die neuen Glaubenssätze am besten verarbeiten und verinnerlichen können). Noch besser ist es, wenn du deine Glaubenssätze zusätzlich als eine MP3-Datei aufnimmst. Auf diese Weise kannst du dir die Aufnahme ganz bequem unterwegs, beim Joggen oder während du wartest anhören.

Wichtig ist hier die regelmäßige Wiederholung, um die Glaubenssätze zu Überzeugungen werden zu lassen. In den ersten Tagen oder Wochen wirst du deine neuen Überzeugungen sicherlich nicht annehmen, sie werden dir eventuell sogar lächerlich vorkommen. Aber ich verspreche dir, dass du spätestens nach 21 Tagen die ersten Veränderungen spüren wirst. Du wirst! Achte bewusst auf jede kleine Veränderung deines gestärkten Selbstbewusstseins, so kannst du dir sicher sein und dich freuen, auf dem richtigen Weg zu sein.

Dazu ein Tipp von mir:

Es ist wesentlich effektiver, sich die neuen Glaubenssätze laut vorzulesen, als es monoton vor sich hinzumurmeln. Versuche, das Gesprochene zu visualisieren, indem du die Augen schließt und z. B. sagst: „Ich gehe offen und selbstbewusst auf andere Menschen zu.“ Wenn du dir diese Situation in deinen Gedanken bildlich vorstellst und gute Gefühle damit verknüpfst, dann erstellst du einen sehr wirkungsvollen Effekt zu deinen Worten. Worte in Verbindung mit Gefühlen sind mächtiger als du dir vielleicht vorstellen kannst. Dazu später in einem anderen Kapitel.

4. Sage dir nette Worte

Fange ab jetzt damit an, dir jeden Tag etwas Positives zu sagen. Am besten morgens nach dem Aufstehen vor dem Spiegel. Egal, ob du dir dazu gratulierst, dass du es geschafft hast, früh aufzustehen, ob du deine Augen besonders gerne magst oder wie gut du mit einer neuen und für dich schwierigen Situation umgegangen bist. Lasse dir alle positiven Gedanken durch den Kopf gehen. Erlaubt ist alles, was dich zum Lächeln bringt.

Tipp: Eine tolle Übung ist, dir so etwas wie ein Lobtagebuch zuzulegen und diese positiven Gedanken mindestens 30 Tage lang aufzuschreiben.

5. Spreche deutlich

Bevor du ein Gespräch mit jemandem anfängst, achte bitte darauf, wie du dich anderen Menschen vorstellst. Denn wenn du deinen Namen leise und unverständlich vor dich hinmurmelst, signalisierst du deinem Gegenüber, dass du nicht viel von dir hältst.

Mach dir klar, dass der erste Eindruck wichtig ist, also gib deinem Gesprächspartner die Chance, innerhalb der ersten paar Sekunden den Eindruck eines selbstbewussten Menschen zu bekommen.

6. Nimm dir 10 Minuten Zeit für dich

Im hektischen Alltag investieren Menschen viel Zeit in alles Mögliche, nur leider viel zu wenig Zeit in sich selbst. Du fragst dich bestimmt: Was soll mir das bringen, mit mir selbst Zeit zu verbringen? Welchen Sinn soll das haben, das ist doch absolute Zeitverschwendung!

Doch glaube mir, es macht absolut Sinn, wenn du dir zwischendurch mal 10 Minuten Zeit für dich nimmst, denn du wirst unglaublich viel Energie bekommen, von der du den ganzen Tag über profitierst. Sehe diese paar Minuten also nicht als

Zeitverschwendung, sondern als kostbare Investition in deine Persönlichkeitsentwicklung!

Sorge dafür, dass du weder durch TV, noch durch dein Smartphone abgelenkt wirst. Setze oder lege dich nun bequem hin.

Atme 4 – 5 Mal ruhig ein und aus. Nun stelle dir Fragen wie zum Beispiel:

- Warum ist es so schwer für mich, mich so anzunehmen, wie ich bin?
- Weshalb erzeuge ich in meinen Gedanken Dinge, die mich so minderwertig fühlen lassen?
- Wie schaffe ich es, alles Negative in mir loszulassen?

Diese Übung ist sehr hilfreich, da die direkt gerichteten Fragen in dein Unterbewusstsein vordringen und hier die verborgenen Antworten liegen, die dir nach und nach bewusst werden. So wirst du dein Unterbewusstsein verändern können und auf diese Weise langfristig gesehen dein Selbstbewusstsein stärken.

7. Lese alles Inspirierende, was du bekommen kannst

Diesen Tipp kann ich dir besonders ans Herz legen: Lese alle möglichen Bücher, Zeitschriften und Blogs im Internet, die dich inspirieren und motivieren. Es gibt jede Menge Sachbücher und Biografien, die dich stärken und positive Gefühle in dir auslösen. Alternativ kannst du dir Hörbücher anhören. Das hat sogar den Vorteil, dass du dir lästige Wartezeiten verkürzen kannst oder während du im Bus oder in der Bahn sitzt und entspannt zuhörst.

8. Lasse Fernsehen & Co. aus

Verschwende deine Freizeit nicht mit negativen Inhalten aus dem Internet, dem Fernsehen und Werbung, Social Media, und mit allem, was Minderwertigkeitsgefühle in dir auslösen kann.

Fernsehen ist überhaupt eines der hauptsächlichen Freizeitbeschäftigungen der Menschen.

Ist dir schon mal aufgefallen, dass sich die meisten Serien, Reportagen, Sendungen und Filme mit irgendeiner Form von Kriminalität, Krankheiten und anderen Problemen befassen? Die Themen der Talkshows sind so gut wie immer mit Negativität geprägt bzw. hier wird diskutiert, gestritten und geschimpft, was das Zeug hält.

Die Nachrichten machen einen verschwindend geringen Teil positiver Meldungen aus. Es wird fast grundsätzlich nur über Kriege, politische Auseinandersetzungen und andere negative Schlagzeilen berichtet, dass zum Beispiel Kriminalität und Krankheit neue Rekorde brechen.

Behauptungen, was alles nicht geht, wie etwas nicht funktioniert, wer wieder alles falsch gemacht bzw. versagt hat und somit die Schuld trägt, wie ungerecht alles ist usw. sind weitere negative Inhalte.

Mache dir bewusst, dass wenn du Tag für Tag solche vernichtenden Inhalte in dein Unterbewusstsein hochlädst, dein positives Weltbild damit zerstört wird. Das macht es dir schwieriger, dein Selbstbewusstsein zu stärken und deine Ziele und Träume zu erreichen.

Es ist allerdings völlig in Ordnung, wenn du dir hin und wieder einen schönen Film ausleihst oder dir einen lustigen Film im Kino anschaust, am besten in Gesellschaft mit Freunden. Auf diese Weise hast du Kontrolle über das, was du dir ansiehst.

9. Vergleiche dich nicht mit anderen

Es tut deinem Selbstbewusstsein gar nicht gut, wenn du dich immer mit anderen vergleichst, da du dich dadurch minderwertig fühlen kannst. Du bist nicht am Leben, um eine Kopie von jemand anderem zu sein. Was andere können und du nicht, daran solltest du nicht deinen Wert messen.

Sei du selbst, denn ein Original ist mehr wert, als eine Kopie!

Vorbilder sind jedoch ein positives Beispiel, wenn du die Eigenschaften einer Person bewunderst und die erbrachten Leistungen ebenfalls erreichen willst.

Du solltest dich aber keinesfalls verstellen, nur um anerkannt und cool zu sein. Sei dir deiner eigenen Werte und Prinzipien im Leben klar in lebe danach.

10. Nehme dich selbst an

Ganz egal wie jung oder alt du bist und wie lange du noch lebst: wenn du dein Selbstbewusstsein stärken willst, musst du lernen, dich so anzunehmen, wie du bist.

Du bist die wichtigste Person in deinem Leben, akzeptiere dich deshalb als besten Freund und nicht als größten Feind. Ein gesunder Egoismus ist von großem Vorteil und je mehr du dich annimmst und liebst, desto besser ist die Beziehung zu dir selbst. Sage dir Sätze wie: „Ich liebe mich so wie ich bin, mit all meinen Fehlern und Schwächen“ und „Ich bin ein liebenswerter Mensch“. Schaue dich dabei lächelnd im Spiegel an, das lässt dich besser fühlen.

Wir kommen hierzu noch etwas ausführlicher in einem späteren Kapitel.

11. Mache dir Notizen von deinen früheren Leistungen

Wenn du an deine Zeit als Jugendliche/r zurück denkst oder deine letzten Jahre als Erwachsene/r, dann fallen dir bestimmt viele Dinge und Leistungen ein, die du erreicht hast und auf die du stolz bist! Erstelle dazu eine Liste mit dem Namen „Meine bisherigen Leistungen und Erfolge".

Vieles scheint dir vielleicht selbstverständlich zu sein, aber möglicherweise hast du etwas in deinem Leben erreicht, wovon andere nur träumen können.

12. Pflege dich und sei gut zu deinem Körper

Ein gesunder und gepflegter Körper ist eine der Grundvoraussetzungen, um sich gut und selbstbewusst zu fühlen. Deshalb ist es enorm wichtig, dass du ihn mit allem versorgst, was er braucht. Dazu gehören gesundes Essen (viel Obst und Gemüse), viel Flüssigkeit (am besten in Form von Wasser) sowie ausreichend Schlaf.

Ein gepflegtes und frisches Äußeres fühlt sich gut an, das wiederum strahlst du aus und lässt dich selbstbewusster wirken. Trage Kleidung, in der du dich wohl fühlst und welche zu deinem Typ passt.

Rauchen, regelmäßiger Alkoholkonsum und Drogen sollten ein Tabuthema sein. Alle diese Exzesse sind ungesund und schaden deinem Körper, deiner Seele und damit auch deinem Selbstbewusstsein. Die Folge davon ist, dass du dich körperlich schlecht fühlst und deine Emotionen manipuliert werden. Diese Substanzen lassen dich undiszipliniert und abhängig werden.

Hin und wieder mal mit Freunden einen Trinken gehen oder auf einer Feier in Maßen Sekt, Wein oder Bier zu genießen, ist völlig in Ordnung. Dies sollten allerdings

Ausnahmen und nicht die Regel sein, dir und deinem Körper zuliebe.

13. Lerne etwas Neues und tue etwas Kreatives

Eine der besten Möglichkeiten, selbstbewusster zu werden, ist es immer wieder etwas Neues zu probieren und zu lernen, persönlich zu wachsen, sich Ziele zu setzen und etwas zu leisten, sodass du dich akzeptieren kannst und weißt, wer du bist und was du der Welt bieten kannst.

Auf diese Weise erweiterst du deinen Horizont und stellst fest, dass du viel mehr erreichen kannst, als du bisher gedacht hast. Etwas Neues zu lernen kann neue Hoffnung und Freude in dir entfachen und erst dadurch bemerkst du, wie viel dir in deinem bisherigen Leben entgangen ist!

Um deine Kreativität zu steigern, verändere die Umgebung, in der du arbeitest oder lernst. In einem Café oder einem Park kommen dir möglicherweise mehr Ideen als in der gewohnten Umgebung. Das ist eine gute Möglichkeit, sich neue und positive Erinnerungen zu erschaffen und du wirst dadurch motivierter und energiegeladener.

Überlege dir eine kreative neue Aufgabe, an die du mit Spaß heran gehst. Dabei muss es nichts weltbewegendes sein. Schon vermeintlich kleine Änderungen wie ein neuer Weg zur Arbeit oder zur Schule, eine neue Sprache zu lernen, etwas exotisches kochen, oder Fotografieren lernen, erweitern deinen Horizont. Dein Gehirn wird bei der neuen Tätigkeit stimuliert, du bekommst neue Ideen und dieses versetzt dich in einen Glücks-Zustand, weil dein Gehirn neue Herausforderungen liebt.

Höre nie auf zu lernen! Möglicherweise stellst du irgendwann fest, dass du eine neue Leidenschaft entdeckt hast, die sich vielleicht sogar zu einem neuen Beruf oder Nebenberuf entwickeln kann. Durch viel Übung kannst du dich zu einem Experten entwickeln, deine Disziplin und Kompetenz zum Wachsen bringen und stolz auf deine Leistung sein. Das stärkt dein Selbstbewusstsein ungemein.

14. Habe keine Angst davor, deine sichere Komfortzone zu verlassen

„Dein Leben beginnt am Ende deiner Komfortzone“. Vielleicht kennst du dieses Zitat, welches durch die Welt geht. Bedeutet: Stelle dich unbekannten Herausforderungen und freue dich über das großartige Gefühl, etwas getan zu haben, was du noch nie vorher getan hast. Etwas geschafft zu haben, wovon du vorher dachtest, du könntest es vielleicht gar nicht.

Viele Menschen vermeiden Herausforderungen aus Angst vor einem zu hohen Risiko. Deswegen bleibt man lieber in der eigenen Komfortzone gefangen, ist aber gelähmt, neue Dinge auszuprobieren und verpasst auf diese Weise, die wahren Lebensziele zu erreichen.

Wenn du Tag für Tag immer nur das gleiche tust, wirst du niemals erfahren, was das Leben für dich bereit hält. Deshalb musst du lernen, deine sichere Zone zu verlassen und dich deinen Ängsten stellen.

„Selbstvertrauen gewinnt man dadurch, dass man genau das tut, wovor man Angst hat und auf diese Weise eine Reihe von erfolgreichen Erfahrungen sammelt."
- Dale Carnegie -

15. Scheue dich nicht, nach Hilfe zu fragen

Jemanden um Hilfe und Unterstützung zu bitten, ist kein Zeichen von Schwäche, sondern ein Zeichen der Entschlossenheit und Mut.

Um Hilfe zu bitten bedeutet, dass du für eine positive Veränderung bereit bist.

Veränderung ist auch gut, wenn du deine Standards erhöhst und dich aufforderst, mehr zu machen und zu schaffen. Sei mutig, frage nach Hilfe (die meisten Menschen sind sehr hilfsbereit) und sei stolz darauf, was du selbst und mit Hilfe anderer erreicht hast.

16. Fehler gehören im Leben dazu

Hab keine Angst davor, Fehler zu machen. Sie passieren! Und sie gehören dazu. Nimm sie an, erkenne, welche Erkenntnis du aus ihnen gewinnen kannst und dann lass sie weiterziehen. Halte nicht krampfhaft an ihnen fest und mach dich nicht fertig! Niemand ist perfekt, jeder Mensch macht Fehler und Fehler sind dazu da, um aus ihnen zu lernen und es beim nächsten Mal besser zu machen.

Lasse deine Stimmung auch nicht von früheren Erfahrungen und Erlebnissen runterziehen. Du willst dich in eine neue Ära begeben, da ist kein Platz für Fehler aus der Vergangenheit. Sehe jeden Fehler als Chance für Wachstum, dann wirst du gestärkt aus der Situation heraus gehen.

Und wie bereits am Anfang des Buches erwähnt, solltest du das Wort „Fehler" vermeiden und es stattdessen eine „wichtige Erfahrung, aus der ich lernen kann" nennen.

17. Trenne dich von negativen Menschen in deinem Umfeld

Gibt es Menschen in deinem Umfeld, die dir alles andere als gut tun? Solche, die dich runterziehen, ausnutzen und deine Energie aussaugen? Außerdem die Art Menschen, die permanent nur am tratschen sind und andere schlecht machen, die den ganzen Tag nichts anderes als „Mimimi“ sagen und sich über jeden und alles beklagen?

Du kannst dir sicher sein, dass so ein Umfeld dich negativ beeinflusst. Dann ist das Beste, was du tun kannst, dich von solchen Menschen zu trennen, sie sanft aus deinem Leben gleiten zu lassen. Du kannst dich nach und nach von solchen Leuten lösen, indem du die Treffen reduzierst und auf diese Weise nach und nach von ihnen loskommst.

Wahrscheinlich denkst du, dass es nicht möglich ist, sich von negativen Arbeitskollegen, Mitschülern oder Familienmitgliedern zu trennen. Da hast du Recht. Allerdings hast du es in der Hand, wie du dich ihnen gegenüber verhältst. Wenn du dein positives Selbstbild hervorhebst und versuchst, alles Negative zu ignorieren und das Positive bei diesen Menschen zu entdecken (auch wenn es unmöglich ist, etwas Positives zu finden) und dich auf die guten Seiten dieser Personen konzentrierst, anstatt dich über deren Verhalten dir gegenüber zu ärgern oder die Art wie sie mit dir reden, wirst du mit der Zeit merken, dass sich das Verhältnis verbessert. Denn deine Einstellung gegenüber den Kollegen, Mitschülern und Familienmitgliedern und die Ausstrahlung eines stärkeren Selbstbewusstseins hat eine enorme Wirkung auf deren Verhalten.

In deiner Freizeit jedoch bist du frei in der Entscheidung, mit wem du dich abgibst und befreundet bist. Wenn es Menschen sind, die dir gar nicht gut tun und dir zum Beispiel sagen, was alles nicht möglich ist, dann ist das eine Reflektion ihrer eigenen Grenzen, nicht deiner. Du willst dich entwickeln, dein Leben verbessern und mit einem starken Selbstbewusstsein glücklich sein. Wenn dir dein negatives Umfeld aber das Gegenteil vermittelt, wird es sehr schwer bis unmöglich sein, etwas zu ändern.

Du brauchst dich aber nicht zu sorgen: Sobald du dich auf alles Gute und Positive in deinem Leben konzentrierst, wird du automatisch neue, liebevolle Menschen anziehen, die dich unterstützen und schätzen.

Begegne jedem als Freund, unabhängig von seiner Intelligenz, seinem Aussehen oder seiner Stellung im Leben. Du wirst merken, dass dich diese Einstellung gegenüber den Menschen offen und zufrieden macht. Wenn du mit dir zufrieden und glücklich bist, strahlst du das aus und das, was du ausstrahlst, ziehst du an.

18. Pflege deine guten Beziehungen

Nachdem du jetzt weißt, dass negative Kontakte deinem Selbstbewusstsein schaden, kommen wir auf die positiven Menschen in deinem Leben zu sprechen. Menschen, die dich so akzeptieren, wie du bist, bei denen du dich wohlfühlst, mit denen du lachen kannst. Konzentriere dich auf Menschen, die gleiche Interessen und Hobbys haben, denn sie steigern deinen Selbstwert.

Aus Gleichgesinnten könnten gute Freundschaften entstehen. Und gute Freundschaften sind wichtig für ein erfülltes und glückliches Leben.

19. Führe ein Erfolgstagebuch

Hast du schon einmal von dem Ratschlag gelesen oder gehört, dass das Führen eines Erfolgstagebuchs dein Selbstbewusstsein steigern soll? Richtig gehört! Wenn du täglich deine Erfolge dokumentierst, lenkst du den Fokus auf alles, was dir gut gelungen ist. Auch kleinste Erfolge sollten notiert werden.

Was das bringt? Das Führen eines Erfolgstagebuchs ist deshalb so wirkungsvoll, weil die Aufmerksamkeit auf alles Positive und Erfolgreiche gerichtet wird und weg von negativen Erfahrungen, die du womöglich an jedem Tag erlebst.

Nachgewiesenermaßen wirken die täglichen Erfolge wie ein sofortiger Belohnungs-Booster für's Gehirn, welches dich mit einer Ausschüttung von Dopamin, dem Glückshormon, belohnt.

Führst du regelmäßig Eintragungen all deiner Erfolge, änderst du bereits nach kurzer Zeit deinen Fokus und du siehst Chancen und Möglichkeiten, an die du vorher nie geglaubt hast. Ein Erfolgstagebuch ist ein mächtiges Werkzeug zur Stärkung deines Selbstbewusstseins.

Definiere auch, was Erfolg für dich bedeutet. Ist es Reichtum, Macht oder Besitz? Fange an, Erfolg nicht mit materiellen Dingen zu vergleichen, sondern mit dem Wachstum und der Erfahrung, die du machst. Gute zwischenmenschliche Beziehungen zu führen und sinnvolle Arbeit zu leisten werden dich auf Dauer mehr erfüllen als materielle Besitztümer.

Also, besorge dir ein schönes Buch mit leeren Seiten und schreibe dir jeden Abend mindestens drei Dinge auf, die du an diesem Tag erfolgreich gemeistert hast. Auch wenn dir nichts spontan einfällt, denke nach und frage dich selbst:

„Was hat heute gut funktioniert?
„Wem habe ich heute geholfen?“
„Welche Aktion, welches Treffen hat mich gut fühlen lassen?“
„Wen habe ich heute aufgemuntert?“

Und so weiter. Notiere dir alles aus deinem privaten sowie aus dem beruflichen Bereich. Es gibt so viele Möglichkeiten, sich erfolgreich zu fühlen, auch wenn es scheinbar nichts Besonderes für dich ist.

Wenn du jeden Tag 5 Minuten die Dinge aufschreibst, die du gut gemacht hast und auf die du stolz bist, wirst du den Fokus von deinen Fehlern (Achtung: „wichtige Erfahrungen“) auf deine Stärken lenken und dein Selbstbewusstsein und Selbstvertrauen wird wachsen.

Es geht natürlich nicht darum, in diesen 5 Minuten die Welt zu verändern, sondern lediglich deinem Unterbewusstsein beizubringen, worauf es den Fokus legen soll. Mit der Zeit wird es das ganz automatisch machen.

Und solltest du mal miese Laune oder einen schlechten Tag haben, lese dir deine Erfolgsgeschichten aus deinem Buch durch. Das wird deine Laune garantiert aufhellen!

20. Löse dich von der Meinung anderer

Wenn du dich darum sorgst, was andere von dir denken, wirst du dich nie frei fühlen und wirst nie du selbst sein. Beginne Entscheidungen zu treffen und Entscheidungen auf der Grundlage, was du willst und nicht, was du denkst, was andere für dich wollen. Es ist wichtig darauf zu achten, was du willst, denn es ist dein Leben und nicht das Leben anderer.

So individuell wie alle Menschen sind, so individuell sind auch die Meinungen und

Ansichten, wie man etwas tun oder nicht tun sollte. Viele machen es sich offenbar zum Hobby, sich in das Leben anderer einzumischen. Dazu ein paar anschauliche Beispiele: Du fährst mit dem Fahrrad zur Arbeit, weil du die Umwelt schonen willst und so die Bewegung in den Alltag integrierst (Meinung der anderen: der hat bestimmt kein Auto). Du fährst mit dem Auto zur Arbeit, weil du nach der Arbeit noch einkaufen fahren willst (Meinung der anderen: Der verpestet die Umwelt, der kann die kurze Strecke doch mit dem Fahrrad fahren). Du gehst zu Fuß zur Arbeit, weil das Wetter so schön ist (Meinung der anderen: bestimmt ist sein Fahrrad gestohlen worden und das Auto womöglich in der Werkstatt).

Du siehst, man kann es eh niemandem Recht machen und das solltest du auch nicht. Es ist dein Leben, die Meinung der anderen sollte dich nicht kümmern. Verlasse dich auf dich selbst und vertraue deinem Gefühl, egal was andere davon halten. Je stärker dein Selbstbewusstsein, desto leichter wird es dir fallen, auf die Meinung anderer weniger Wert zu legen.

21. Setze dir Ziele und feiere deine Erfolge!

Wenn du im Leben vorankommen willst, dann setze dir Ziele, kleine und große. Ziele halten dich motiviert und du wirst so stolz auf dich sein, wenn du sie erreicht hast!

Aber Vorsicht: Ziele können dich auch unter Druck setzen. Wenn du merkst, dass du dich nur noch dann wertvoll fühlst, wenn du sie erreichst bzw. dich nicht erreichte Ziele runterziehen, dann solltest du dich mit kleinen Schritten heranwagen als mit Riesensprüngen.

Nichts deprimiert mehr, als mit großer Freude etwas zu beginnen, um hinterher festzustellen, dass es nicht klappt. Bereite dich gut vor, gehe es langsam an und du wirst früher oder später dein Ziel erreichen.

Belohne und lobe dich selbst, wenn du ein Ziel erreicht hast, das motiviert! Feiere dich für alles, was du erreicht hast! Das ist kein Ausdruck von Arroganz oder

Selbstgefälligkeit. Sage voller Stolz zu dir selbst: „Ich habe es geschafft." Das fühlt sich wunderbar an und wird dir garantiert ein Lächeln aufs Gesicht zaubern und dein Selbstbewusstsein stärken.

Kleiner Tipp: Besorge dir eine hübsche Spardose oder ein Sparschwein. Als Belohnung für jeden Erfolg wirfst du 1 € hinein. Am Ende des Monats (oder nach einer Woche, wenn du ungeduldig bist) holst du das Geld heraus und gönnst dir etwas Schönes oder machst einem lieben Menschen eine Freude. Auf diese Weise feierst du spürbar deine Erfolge und motivierst dich zu mehr.

22. Werde dir deiner eigenen Stärken bewusst

Um dir deiner Stärken bewusst zu werden, solltest du dir ein Blatt Papier nehmen und folgendes notieren:

- Ich mag mich, weil...
- Folgende Eigenschaften machen mich besonders...
- Ich habe gute Kenntnisse in...

- Ich bin ein guter Freund, weil...
- Auf diese Dinge bin ich besonders stolz...

Ergänze und vervollständige die Sätze mit allem, was dir spontan einfällt. Möglicherweise ist dir die ein oder andere positive Eigenschaft an dir noch gar nicht aufgefallen. Mache dir deine eigenen Stärken bewusst, dadurch fühlst du dich selbstbewusster.

23. Mache eine Umfrage

Du hast eine Menge Werte an dir, erkenne dich dafür an. Mache eine kleine Umfrage in der Familie, bei Freunden oder Verwandten, was sie besonders an dir schätzen.

Bestimmt hörst du dann Sätze wie: „Du schaffst es immer wieder, mich aufzupeppen und aufzumuntern“. Oder: „Es macht Spaß, sich mit dir zu unterhalten“. Oder bestimmt auch: „Man kann sich immer auf dich verlassen.“ Und: „Dir kann ich vertrauen.“

Mache dir bewusst, dass die Leute es ernst meinen, bedanke dich mit einem Lächeln und genieße das Gefühl, dass andere dich wertschätzen und lieben!

24. Bewege dich viel und treibe Sport

Sport ist für dich eine weitere großartige Möglichkeit, dein Selbstbewusstsein aufzubauen. Diverse Studien können belegen, dass regelmäßiger Sport nicht nur den Körper trainiert, sondern auch das Selbstwertgefühl stärkt. Durch das Training bekommst du ein intensiveres Gefühl für deinen Körper, eine bessere Körperhaltung und dadurch eine positive Ausstrahlung. Außerdem werden durch das Training Stresshormone abgebaut und jede Menge Glückshormone ausgeschüttet.

Es ist absolut nicht notwendig, dafür jeden Tag in ein Fitnessstudio zu rennen. Finde heraus, welche Sportart dich motiviert und bewege dich, solange es dir gut tut. Dabei ist es egal, ob du Gymnastik, Yoga, Radfahren, Joggen, Tanzen,

Schwimmen oder Krafttraining betreibst. Es muss dir Spaß machen und darf dich nicht überfordern, sonst wirst du das auf Dauer nicht lange durchhalten.

Wenn du dich körperlich nicht fit fühlst oder eingeschränkt bist, integriere mehr Bewegung in deinen Alltag: Treppensteigen und schnelles Gehen sind auch sehr effektiv, verbessern deine Ausdauer und können dich fit und machen.

Bleibe konsequent dran, dann wirst du schon bald die Vorteile des Sports zu spüren bekommen: Besseres Wohlbefinden, mehr Beweglichkeit und Ausgeglichenheit, du schläfst besser, stärkst dein Immunsystem und steigerst insgesamt dein Selbstbewusstsein.

Also überlege nicht lange und fange noch heute damit an, verschiebe es nicht auf morgen. Komme JETZT ins Handeln!

25. Visualisiere dein selbstbewusstes ICH

Eine weitere Möglichkeit zur Steigerung deines Selbstbewusstseins ist die Visualisierung und es scheint die einfachste Methode von allen zu sein. Das funktioniert wie folgt: Du stellst dir gedanklich eine Situation vor, durchlebst sie mit einem starken Selbstbewusstsein und erzielst (in Gedanken) das gewünschte Ergebnis oder Ereignis.

Durch das regelmäßige Visualisieren bestimmter Situationen verinnerlicht dein Unterbewusstsein diese Situation so, als ob diese tatsächlich so passiert ist. Wie bereits anfangs in einem Kapitel ausführlich erklärt, kennt dein Unterbewusstsein keinen Unterschied zwischen Realität und Imagination.

Die Vision kommt immer an erster Stelle und ist eine der mächtigsten Werkzeuge zum Erreichen jedweder Ziele. Stelle dir bildlich vor, das zu tun, was du gerne tun würdest, der zu sein, der du gerne wärst und das zu haben, was du gerne hättest.

Hierzu ein paar Beispiele:

Wenn du dir z. B. vorstellst, wie du eine Rede vor einem großen Publikum hältst und von einem anschließenden stürmischen Applaus überflutet wirst, dann muss dein Selbstvertrauen wachsen.

Oder du visualisierst, dass du eine bestimmte Person, die du sehr attraktiv findest ansprichst und ein unterhaltsames Gespräch mit ihr führst.

Vielleicht hast du einen schwierigen Kollegen und traust dich nicht, deine Meinung zu sagen? Schließe die Augen und stelle dir bildlich vor, wie du dich mit dem Kollegen/der Kollegin unterhältst und dich selbstbewusst aussprichst, was dich stört und schlägst eine Lösung für ein bestehendes Problem bzw. Meinungsverschiedenheit vor.

Wichtig sind neben der Vorstellung der Situation auch die damit verbundenen Gefühle. **Fühle**, wie stolz du bei dem stürmischen Applaus bist. **Fühle**, dass es dir warm um's Herz wird, wenn du dich mit deinem Schwarm unterhältst. **Fühle**, wie befreiend das Gespräch mit dem Kollegen ist, nachdem das Problem gelöst wurde. Das Gefühl in Verbindung mit der Visualisierung ist die Garantie zum Erfolg.

Je öfter du dir solche oder andere Situationen vorstellst und dich in das Gefühl hineinversetzt, desto stärker wird dein Selbstvertrauen. Dann wirst du auch in der Lage sein, die im Kopf abgespielten Situationen in der Realität auszuführen.

26. Versorge ein Haustier

Wenn du bereits ein Haustier besitzt, dann kannst du dich glücklich schätzen. Von einem Haustier erhältst du bedingungslose Liebe und alles, was es braucht, ist Aufmerksamkeit. Ein Haustier lenkt von den eigenen Sorgen ab und lehrt einen Menschen, Mitgefühl und Verantwortung zu übernehmen. Es spendet Trost, Wärme, Zufriedenheit und Ausgeglichenheit. Nicht umsonst werden Hunde zu Therapiezwecken eingesetzt. Es wird dich mit Stolz und Freude erfüllen, ein Haustier dein eigen nennen zu können.

Es muss nicht gleich ein Hund oder eine Katze sein, ein Hamster oder Mäuse üben den gleichen Effekt aus. Überlege dir vorher sehr gut, welches Haustier für dich geeignet ist und wieviel Zeit und Kosten du investieren kannst.

27. Behandle jeden Menschen mit Respekt

Jeder Mensch möchte geliebt und respektiert werden und hat ein Recht dazu. Den Spruch „Behandle deine Mitmenschen so, wie du selbst behandelt werden möchtest“ kennst du mit Sicherheit bereits seit deiner Kindheit. Begegne jedem Menschen mit Liebe und Respekt, das wird dich nachhaltig glücklich machen.

Vielleicht bist du ja schon mal unhöflich geworden, als es dir nicht gut ging oder dir etwas nicht gepasst hat? Hast du schon mal jemanden aus deiner Familie, deinen Partner oder wildfremde Menschen (Bedienung im Restaurant, Kassier/-in an der Kasse) unhöflich behandelt? Das trägt nicht dazu bei, dass du dich besser fühlst.

Ganz im Gegenteil. Du verletzt nicht nur die Gefühle des anderen, sondern schadest auch dir selbst. Vielleicht kennst du ja das das alte Sprichwort: Wie du in den Wald hineinrufst, so schallt es auch zurück.

Scheue dich nie, um Vergebung zu bitten, wenn du jemandem Unrecht getan hast und verspreche, es in Zukunft besser und richtig zu machen. Mit der Schuld oder mit der Scham zu leben schwächt deinen Selbstwert.

Bedenke, dass jeder Mensch gleichwertig ist, ganz egal welchen Beruf er ausübt oder welchen Status er hat.

Zum Beispiel ist eine Reinigungskraft genauso wichtig wie ein Koch im Fünfsterne-Restaurant, denn sie sorgt dafür, dass die Tische und der Boden des Restaurants sauber sind, ebenso wie die Toiletten, die du auf der Raststätte oder im Einkaufszentrum benutzt.

Eine Krankenschwester verdient die gleiche Anerkennung wie ein Arzt, der Leben rettet, denn sie versorgt die Patienten Tag und Nacht, damit er wieder gesund nach Hause kommen kann.

Ein Müllmann sollte ebenso anerkannt werden wie ein Polizist, der für Ordnung in der Gesellschaft sorgt, denn ohne die fleißigen Müllmänner würden wir auf Müllbergen leben. Viele andere Berufe wie Kellner/-in und Kassierer/-in verdienen großen Respekt, ohne die unser Leben so gar nicht funktionieren würde.

Vermeide auch, über deine Mitmenschen zu lästern oder zu tratschen. Auch wenn ein kleiner Tratsch in dem Moment spannend und witzig sein kann, so bleibt das Gefühl von schlechtem Gewissen in deinem Unterbewusstsein bestehen. Außerdem ist es Tatsache: wenn du ständig oder oft hinter dem Rücken von jemandem lästerst, dann kannst du dir sicher sein, dass man auch über dich lästert. Und das willst du nicht wirklich, oder?

Solltest du dich dabei ertappen, wieder mal über jemanden herzuziehen, halte inne und frage dich: „Will ich demjenigen jetzt wirklich schaden? Ich würde ja auch nicht wollen, dass man mir das gleiche antut.“ Lasse dich auch nicht in der Gruppe zum Lästern verleiten, sondern bleibe möglichst neutral oder ergreife Partei für die Person. Glaube mir, so ein Akt der Nächstenliebe wird dich stolz machen und dir allgemein Respekt verschaffen.

Jeden Menschen zu akzeptieren und zu respektieren verleiht dir eine ganz andere Perspektive deinen Mitmenschen gegenüber und lässt deinen Selbstwert enorm wachsen.

28. Erkenne deine Stärken und Schwächen an

Kein Mensch ist perfekt, jeder hat eine Menge Schwächen, aber auch viele Stärken. Wichtig ist, diese zu erkennen und anzunehmen.

Es ist ganz normal, dass man in manchen Bereichen gut ist, in anderen weniger. Daher ist es wichtig, sich selbst zu kennen, dann fällt es dir auch nicht schwer, Vertrauen zu dir selbst aufzubauen.

Stelle dir folgende Fragen, denn sie helfen dir dabei, dich besser kennen zu lernen:

- Was kann ich besonders gut?
- Auf welche bisherige Leistung kann ich stolz sein?
- Kann ich etwas verbessern, was mir gar nicht liegt und daran arbeiten?

Fällt dir eventuell auf, dass du dein Leben überplanmäßigst oder verkomplizierst? Das führt über kurz oder lang nur zu Stress und Überforderung. Du hast dann gar keine Zeit, positive Veränderungen in deinem Leben zu machen und dein Selbstwertgefühl aufzubauen, weil du so beschäftigt mit anderen Dingen bist. Schalte einen Gang herunter und vereinfache alle Bereiche deines Lebens.

Und wieder einmal: schriftliche Notizen verschaffen dir einen besseren Überblick als das bloße Nachdenken über diese Fragen.

29. Mache Dankbarkeit und Wertschätzung zur Gewohnheit

Integriere Dankbarkeit und Wertschätzung in dein Leben, denn sie werden dich glücklich machen und dein Leben mit Erfüllung belohnen. Mache dir bewusst, dass wir im Zeitalter des Überflusses leben. In unserem Land sowie in vielen anderen Ländern mangelt es nicht an Essen und Trinken, jeder hat ein warmes Zuhause. Wir können unsere Meinung frei äußern und entscheiden, wo wir leben und mit wem. Selbst im Falle von Krankheit und Arbeitslosigkeit ist unsere Existenz gesichert, wovon viele Menschen in anderen Ländern nur träumen können.

„Denkt an jedem Morgen,
an dem ihr aufwacht:
Ich bin glücklich und dankbar,
dass ich heute aufgewacht bin.
Ich lebe, ich führe ein kostbares Leben,
ich möchte es nicht verschwenden."
- Dalai Lama –

Mache es dir zur Gewohnheit, täglich alles aufzuschreiben, wofür du dankbar bist. Nehme die Überschrift: „Ich bin glücklich und dankbar, dass…“ und zähle alle Punkte auf, die dir einfallen. Für deine Gesundheit und alle Menschen und Dinge, die dein Leben positiv bereichern und dich glücklich machen. Für alles, was dir Freude bereitet hat. Auch die kleinsten und unscheinbarsten Dinge gehören auf die Liste. Dinge, die dir vorher selbstverständlich schienen, werden zu etwas Besonderem.

Dankbarkeit für Gesundheit, Familie und Freunde, ausreichend Geld für die alltäglichen Dinge wie Essen und Trinken, ein Dach über dem Kopf, ein Auto oder eine andere Fortbewegungsmöglichkeit, Erlebnisse mit lieben Menschen scheinen im ersten Moment normal zu sein, ist aber für unendlich viele Menschen in den armen Ländern ein unvorstellbarer Luxus.

Du hast Arme und Hände mit Fingern, mit denen du schreiben, malen, dein Smartphone bedienen und viele andere Sachen machen kannst? Du hast Beine, ohne die das Laufen nicht möglich wäre? Hast du gesunde Ohren, die tolle Musik hören können? Was ist mit deinem Geruchs- und Geschmackssinn? Nur diese Sinne machen es möglich, das Essen wirklich zu genießen. Dein Tastsinn lässt dich jede Berührung spüren. Und zu guter Letzt sei dankbar für deine Augen, mit denen du gerade dieses Buch liest.

Hast du diese Eigenschaften an dir bisher für selbstverständlich gehalten? Dann mache dir bewusst, dass viele Millionen Menschen nicht so viel Glück haben, da ihnen Gliedmaßen oder Sinne fehlen.

Wenn du auch nur fünf Minuten (oder noch besser zehn) täglich aufschreibst, wofür du dankbar bist, programmierst du dich darauf, mit der Zeit automatisch mehr Dinge im Alltag zu finden, für die du dankbar und glücklich bist. Du wirst dich weniger auf Dinge konzentrieren, die dir fehlen.

Gerade an solchen Tagen, an denen scheinbar alles schief läuft, hilft dir so eine Dankbarkeitsliste, deine Gedanken auf positive Ereignisse zu lenken und dich besser fühlen zu lassen. Es hilft wirklich! Also sind doch fünf bis zehn Minuten eine gute Investition in ein tolles Leben, nicht wahr?

30. Lerne, nein zu sagen

Sagst du auch oft JA, obwohl du eigentlich NEIN sagen möchtest, aus Angst, egoistisch zu wirken? Das Wort beinhaltet nur vier Buchstaben, doch es ist in bestimmten Situationen schwierig auszusprechen, da man ein Bedürfnis nach Anerkennung und Harmonie hat und diese keinem Risiko aussetzen will.

Nein zu sagen ist ein in der Kindheit erlerntes Verhalten, da wir meist durch Androhung von Liebesentzug oder Strafen eingeschüchtert wurden. Dadurch hat man automatisch die Angst vor Ablehnung entwickelt.

Man möchte niemanden enttäuschen oder verärgern. Jemandem die Verabredung abzusagen, würde große Schuldgefühle entstehen lassen. Außerdem sagt man lieber zu allem Ja und Amen, aus Angst, die Stelle, den Partner oder die Freundschaft zu verlieren.

Es gibt unzählige Beispiele und bestimmt fallen dir viele eigene persönliche Situationen ein, in denen du ja gesagt und dich hinterher geärgert hast. Vielleicht hast du dir schon mal Vorwürfe wegen deiner Feigheit gemacht, dich als Opfer gefühlt und konntest es nicht fassen, dass jemand so rücksichtslos deine Gutmütigkeit ausgenutzt hat.

Natürlich hat es Vorteile, oft oder immer JA zu sagen, denn dann hat man das Gefühl, beliebt zu sein und geht Konflikten und Diskussionen aus dem Weg. Allerdings darfst du nicht vergessen, dass auch du Wünsche und Bedürfnisse hast, wie jeder andere auch. Du solltest also abwägen und dich fragen, ob es dir gut tut, ja zu sagen, weil du damit einem Menschen Freude bereitest oder ob das wieder mal eine Gefälligkeit ist, die gar nicht wertgeschätzt wird.

Ein Mensch wird Verständnis für dein NEIN zeigen, wenn du es offen und ehrlich begründest. Dabei spielt deine Körperhaltung eine große Rolle! Du weißt schon: aufrechter Gang, Schultern zurück, feste Stimme und direkter Augenkontakt sagen mehr als Worte. Je sicherer dein Tonfall und je selbstbewusster deine Körperhaltung, desto mehr Gewicht verleihst du deinen Worten. Auf diese Weise zeigst du deinem Gegenüber, wie sicher du das NEIN meinst.

Wenn du dich besser dabei fühlst, kannst du für dein NEIN auch um eine Bedenkzeit bitten („Ich kann es dir jetzt noch nicht sagen, zuerst muss ich in den Terminkalender schauen."). So kannst du die Gelegenheit nutzen, es dir gut zu überlegen, ob du der Bitte nachkommen möchtest und kannst deine Entscheidung später oder am nächsten Tag mitteilen.

Du kennst mit Sicherheit viele selbstbewusste Menschen, die problemlos NEIN sagen können, wenn sie keine Lust auf etwas haben, oder wenn sie mit etwas nicht einverstanden sind. Lerne auch du,

Grenzen zu setzen, ohne ein schlechtes Gewissen zu haben. Habe vor allen Dingen keine Angst, gewissen „Blutsaugern“ NEIN zu sagen, die immer nur dann zu dir kommen, wenn sie ein Problem haben, aber ansonsten nichts Positives von ihnen zu erwarten ist.

So schwer es dir anfangs fallen wird, NEIN zu sagen, mit viel Übung wird das immer besser klappen.

31. So gehst du mit Kritik um

Nachdem du nunmehr jede Menge Techniken und Übungen kennengelernt hast und du diese zu deinen täglichen Gewohnheiten werden lässt, wird dir eventuell eines auffallen: die Kritik deiner Mitmenschen.

Jeder in deinem Umfeld, der dich als schüchternen, introvertierten Menschen kennt, wird irgendwann eine Veränderung an dir feststellen. Der eine wird es toll finden, der andere vielleicht Kritik ausüben. Doch vergiss bitte nicht: Du lebst nicht, um es anderen Recht zu machen!

„Geh deinen Weg und
lass die Leute reden!“
- Dante Alighieri –

Es gibt Leute, die können einfach nicht anders, als zu kritisieren. Konstruktive Kritik ist in Ordnung, diese Art von Kritik kannst anhören und es als Chance zur Verbesserung sehen.

Du solltest allerdings nicht jede Kritik zu Herzen nehmen, denn es gibt auch „Kritiker“, die grundsätzlich alles schlecht machen. Versuche gar nicht erst, es solchen Personen recht zu machen, weil es dich kostbare Energie kostet. Lerne, solche Kritik abzuwehren, indem du gar nicht erst darauf eingehst.

Du findest am besten die Absicht des Kritikers heraus, indem du dich fragst: „Will er mich einfach nur ärgern oder will er nur intelligent und kompetent erscheinen?“ Das hilft dir, cool zu bleiben. Kümmere dich stattdessen weiterhin um deine Angelegenheiten, die nur dich etwas angehen.

Menschen, denen du wichtig bist, werden jede positive Veränderung an dir willkommen heißen.

32. Meditation macht dich zu einem neuen Menschen

Bestimmt hast du schon oft von der Kraft der Meditation gehört. Vielleicht denkst du dabei an einen stundenlang im Lotussitz sitzenden Mönch, der sinnlos vor sich hinvegetiert. Aber das ist ganz und gar nicht sinnlos, sondern eine absolut mächtige Methode, um dein Leben auf das nächste Level zu bringen!

Meditation ist eine der wichtigsten Werkzeuge im Bereich Persönlichkeitsentwicklung, da hier bestimmte Prozesse im Gehirn ablaufen, die bei klarem Verstand gar nicht möglich sind. Durch die regelmäßige Entspannung von Körper und Geist stärkst du alle deine Sinne und kannst deine Emotionen besser kontrollieren, dich selbst besser kennen lernen und dich somit auf Dauer besser fühlen. Weitere Vorteile der Meditation sind:

- du steigerst deine Konzentration und Achtsamkeit
- dein innerer Widerstand wird reduziert
- Meditation verschafft dir Klarheit über viele Dinge
- deine innere Unruhe wird in Gelassenheit umgewandelt
- du kannst dadurch deine Ängste gut verarbeiten
- es hilft, deiner Intuition besser zu vertrauen
- dein Mut und innere Stärke wachsen
- du lenkst deine Gedanken in eine positive Richtung

Du siehst, Meditation ist schon fast die wirksamste Methode, um dein Leben in allen Bereichen zu verbessern. Dafür musst du aber nicht stundenlang vor dich hinvegetieren wie der oben erwähnte Mönch. Anfangs reichen bereits fünf bis zehn Minuten am Tag aus, um Energie zu tanken und die Gedanken neu auszurichten.

Es gibt viele Methoden zum Meditieren (man könnte mit dem Wissen ein ganzes Buch füllen) und du musst für dich herausfinden, welche sich für dich am besten anfühlt. Ich stelle dir hier meine eigene Methode vor, die ich für mich entdeckt habe:

Zunächst musst du dafür sorgen, dass du an einem ruhigen Platz bist und weder durch Personen, noch durch Telefon oder Smartphone gestört werden kannst. Setz dich bequem und aufrecht hin (im Liegen würdest du einschlafen). Deine Füße berühren den Boden, deine Hände kannst du locker in den Schoß legen. Nun schließe die Augen, entspanne dich und atme ca. 4 – 5 Sekunden ein, dann langsam wieder aus. Indem du deine Aufmerksamkeit auf den Atem richtest, erlaubst du deinen Gedanken gar nicht erst durch deinen Kopf zu wandern. Sollte das der Fall sein (und das wird es), ist das ganz normal. Richte die Aufmerksamkeit einfach wieder auf den Atem. Das wird bestimmt auf Anhieb nicht klappen, aber mit der Zeit wirst du merken, dass es dir immer besser gelingt. Wenn es dir hilft, dann stelle dir das Rauschen eines Windes oder der Meereswellen vor.

Anfangs wird dir das Ganze sinnlos und unnatürlich vorkommen, doch bereits nach wenigen Minuten wirst du angenehme Entspannung oder eine Art Kribbeln oder Zucken bemerken. Das ist ein gutes Zeichen, dass du dich in den meditativen Zustand begibst. Unterstütze diesen Zustand weiterhin durch deine ruhige und regelmäßige Atmung.

Du kannst diesen Zustand solange beibehalten, wie es sich angenehm für dich anfühlt. Dieses ist auch der beste Zustand, um zu visualisieren, was du dir wünschst. Mache dir wortwörtlich ein Kopfkino davon, wer du sein willst, wie du selbstbewusst auf bestimmte Situationen reagierst, was du im Leben erreichen willst. Deiner Fantasie sind keine Grenzen gesetzt!

Während dieser Meditationsart bist du zwar entspannt und fühlst dich leicht abwesend von deinem Körper, jedoch hast du jederzeit die Kontrolle darüber, wieder in den normalen Zustand zurück zu kehren. Wenn du das Gefühl hast, genug meditiert zu haben, bewegst zu zuerst langsam deine Zehen und deine Finger, öffnest langsam die Augen und kommst wieder „zurück" in die Realität.

Wie gesagt, du solltest es ausprobieren und für dich selbst herausfinden, welche Form der Meditation zu dir passt. Über YouTube findest du unzählige Kanäle, die sich mit Meditation befassen. Diese Angebote sind garantiert kostenlos. Es gibt geführte Meditationen, entspannende Musik speziell zur Begleitung einer Meditation und sogar Meditationen, die du zum Entspannen und Einschlafen nutzen kannst. Dies hat sogar den Vorteil, dass die Meditation im Schlaf das Unterbewusstsein zum Positiven beeinflussen kann.

Auch ich habe durch die Meditation meinen Geist so gut trainiert, dass ich ruhig und gelassen bleibe, wo andere bereits explodieren vor Zorn und Aufregung. Negative Gedanken lasse ich gar nicht erst zu bzw. ich weiß, wie ich diese in positive Gedanken umwandeln kann. Ich kann mich 100 %-tig auf meine Intuition verlassen und auf diese Weise immer die richtigen Entscheidungen im Leben treffen. Doch das Wichtigste: mein Selbstbewusstsein wurde mit dieser Technik so unerschütterlich stark, wie ich es nicht zu träumen gewagt hätte. Beruflich und privat kann mich nichts mehr erschüttern.

Du siehst, welche Macht die Meditation hat und ich hoffe, dass auch du Gefallen daran findest.

Und sollte jemand in deinem Umkreis behaupten, Meditation wäre Humbug oder absoluter Blödsinn, solltest du dich davon nicht beeindrucken lassen. Es ist wissenschaftlich längst bewiesen, dass Meditation gut für Körper und Geist ist. Alle erfolgreichen Menschen können dir das bestätigen.

Wenn du möchtest, kannst du deine Meditationen wie ein persönliches kleines Geheimnis hüten. Deine Mitmenschen werden aber möglicherweise nach einiger Zeit staunen über deine positiv veränderte Persönlichkeit.

33. Mit neuem Selbstbewusstsein zur Selbstliebe

Menschen sind Sozialwesen und haben das Grundbedürfnis, geliebt zu werden. Deshalb ist es wichtig, dass du dich selbst anerkennst und liebst.

Je stärker dein Selbstbewusstsein wird, desto mehr Selbstliebe wirst du entwickeln. Mache dir deshalb bewusst, dass du ein wunderbarer und liebenswerter Mensch bist.

Ich möchte dir im Folgenden weise Worte mitteilen, die Charlie Chaplin an seinem 70. Geburtstag geschrieben hatte:

Als ich mich selbst zu lieben begann,
habe ich verstanden, dass ich immer und
bei jeder Gelegenheit,
zur richtigen Zeit am richtigen Ort bin
und dass alles, was geschieht, richtig ist.
Von da an konnte ich ruhig sein.
Heute weiß ich: Das nennt man
SELBSTBEWUSSTSEIN

Als ich mich selbst zu lieben begann,
konnte ich erkennen, dass
emotionaler Schmerz und Leid
nur Warnungen für mich sind,
gegen meine eigene Wahrheit zu leben.
Heute weiß ich: Das nennt man
AUTHENTISCH SEIN

Als ich mich selbst zu lieben begann,
habe ich verstanden, wie sehr es jemand
beleidigen kann,
wenn ich versuche, diesem Menschen mei-
ne Wünsche aufzudrücken,
obwohl ich wusste, dass die Zeit nicht reif
war und der Mensch nicht bereit,
und auch wenn ich selbst
dieser Mensch war.
Heute weiß ich: Das nennt man
RESPEKT

Als ich mich selbst zu lieben begann,
habe ich aufgehört, mich nach
einem anderen Leben zu sehnen
und konnte sehen,
dass alles um mich herum eine Einladung
zum Wachsen war.
Heute weiß ich, das nennt man
REIFE

Als ich mich selbst zu lieben begann,
habe ich aufgehört,
mich meiner freien Zeit zu berauben,
und ich habe aufgehört, weiter grandiose
Projekte für die Zukunft zu entwerfen.
Heute mache ich nur das,
was mir Freude und Glück bringt,
was ich liebe und
was mein Herz zum Lachen bringt,
auf meine eigene Art und Weise und
in meinem eigenen Rhythmus.
Heute weiß ich, das nennt man
EINFACHHEIT

Als ich mich selbst zu lieben begann,
habe ich mich von allem befreit, was nicht
gesund für mich war,
von Speisen, Menschen,
Dingen, Situationen
und von Allem, das mich immer wieder
hinunterzog, weg von mir selbst.
Anfangs nannte ich das
„Gesunden Egoismus",
aber heute weiß ich, das ist
SELBSTLIEBE

Als ich mich selbst zu lieben begann,
habe ich aufgehört,
immer recht haben zu wollen,
so habe ich mich weniger geirrt.
Heute habe ich erkannt: das nennt man
BESCHEIDENHEIT

Als ich mich selbst zu lieben begann,
habe ich mich geweigert, weiter
in der Vergangenheit zu leben
und mich um meine Zukunft zu sorgen.
Jetzt lebe ich nur noch in diesem
Augenblick, wo ALLES stattfindet,
so lebe ich heute jeden Tag,
Tag für Tag, und nenne es
BEWUSSTHEIT

Als ich mich zu lieben begann,
da erkannte ich, dass mich mein Denken
behindern und krank machen kann.
Als ich mich jedoch
mit meinem Herzen verband,
bekam der Verstand
einen wertvollen Verbündeten.
Diese Verbindung nenne ich heute
HERZENSWEISHEIT

Wir brauchen uns nicht weiter
vor Auseinandersetzungen,
Konflikten und Problemen mit uns selbst
und anderen fürchten,
denn sogar Sterne knallen manchmal auf
einander und es entstehen neue Welten.
Heute weiß ich:
DAS IST DAS LEBEN!

34. Achte auf die Qualität deiner Gedanken!

Im Prinzip ist der Weg zu mehr Selbstbewusstsein sehr einfach und beginnt mit einer simplen Denkweise, wie Buddha einst sagte:

„Du bist, was du denkst.
Was du denkst, strahlst du aus.
Was du ausstrahlst, ziehst du an.
Was du anziehst, bestimmt dein Leben."

Oder anders ausgedrückt: „Wir sind, was wir denken. Alles, was wir sind, entsteht aus unseren Gedanken. Mit unseren Gedanken formen wir die Welt." Also folglich:

Was du denkst, wird passieren. So einfach ist das.

Wenn du davon überzeugt bist, dass dir etwas Schlechtes oder Schlimmes passiert, ist die Wahrscheinlichkeit groß, dass genau das auch eintritt. Willst du deine Umstände ändern, musst du zuerst die Art wie du denkst, ändern.

Ein Gedanke, den du regelmäßig bewusst denkst, wird im Unterbewusstsein ständig wiederholt. Das kannst du nutzen, indem du deinen Fokus veränderst und dadurch automatisch ein positives Selbstbild und Weltbild generierst.

Wenn du grundsätzlich dazu neigst, alles schwarz zu sehen, fokussierst du dich auf die negativen Erfahrungen in deinem Leben, siehst darin die Bestätigung und verlierst immer mehr an Selbstbewusstsein.

Sobald du jedoch anfängst, positiver zu denken, verändert sich dein Leben. Das kann ich dir aus eigener Erfahrung bestätigen. Plötzlich wirst du neue Möglichkeiten, tolle Menschen und glückliche Ereignisse in dein Leben ziehen. Wenn du positiver an eine Sache rangehst, dann fällt dir vieles leichter und dein Selbstbewusstsein steigt automatisch.

Der Mensch ist ein Produkt
seiner Gedanken.
Denke groß und du wirst groß!

So viel zur Theorie. Die Praxis gestaltet sich da schon etwas schwieriger. Deine Aufgabe besteht darin, dein Gehirn umzupolen und die neuronalen Verbindungen neu zu verknüpfen. Sieh es allerdings nicht als Problem, sondern als Herausforderung!

Die gute Nachricht ist: Wenn du nur an Gutes denkst und gute Gefühle aussendest, bekommst du garantiert nur Gutes. So ist das Gesetz. Es ist daher wichtig, dass du mit allen negativen Gedanken abschließt und nach vorne in eine positive Zukunft schaust.

Im folgenden Kapitel zeige ich dafür hilfreiche Affirmationen.

35. Affirmationen für ein starkes Selbstbewusstsein

Nun bist du schon sehr weit gekommen, hast das fundamentale Wissen, was Selbstbewusstsein ist und wie du es stärken kannst. Dieses letzte Kapitel wird dir dabei helfen, durch Affirmationen deine Glaubenssätze zu verändern und in deinem Unterbewusstsein zu verankern. Es entsteht eine Art Navigationssystem, welches dich zu deinen Träumen führt. Du wirst mehr Gelegenheiten wahrnehmen und Chancen erkennen. Du wirst dich automatisch richtig verhalten, ohne dass du groß darüber nachdenken musst. So wirst du allgemein glücklicher und zufriedener werden.

Wichtig ist jedoch, dass du aktiv wirst! Dadurch wirst du schnell Ergebnisse erzielen und es entstehen quasi Beweise, die deine Glaubenssätze verstärken und dich in einer Aufwärtsspirale nach oben katapultieren.

Sehr wirkungsvoll sind Affirmationen. Dies sind Sätze, die du dir immer und immer wieder vorsagst, bis du sie soweit verinnerlicht hast, dass sie sich in deinem Unterbewusstsein verankert haben und du dich entsprechend verhältst.

Allerdings ist es wichtig, die richtigen Affirmationen zu nutzen. Häufig verwenden Menschen Affirmationen wie: Ich bin ein Millionär! Bei übertrieben formulierten Affirmationen wird sich sofort dein Bewusstsein einschalten und dir Beweise an den Kopf werfen, dass du kein Millionär bist. Es wird dir also nicht gelingen, so einen Glaubenssatz in dein Unterbewusstsein zu pflanzen.

Übertriebene Affirmationen können sogar negative Gefühle sowie Frustration auslösen und das Selbstbewusstsein schwächen, weil du noch so weit von den Zielen entfernt bist. Installiere also zuerst kleine und glaubhafte Glaubenssätze und je mehr Fortschritte du machst, umso größere Glaubenssätze kannst du dann aufbauen.

Weiterhin ist es wichtig, die Affirmationen spezifisch zu formulieren. Zu sagen: „Ich bin reich, ich bin selbstbewusst" reicht für das Unterbewusstsein nicht aus, es kann nicht viel damit anfangen, da reich und selbstbewusst nicht deutlich genug ist. Es ist also viel sinnvoller, die Affirmationen so zu formulieren, dass sie ein Verhalten beschreiben, das dich deinen Zielen näher bringt.

Beispiel: „Ich arbeite täglich mindestens eine Stunde an meinem Projekt, welches mir finanzielle Freiheit verschafft." Oder: „Ich gehe locker und selbstbewusst auf andere Menschen zu."

Anstatt zu sagen: „Ich bin diszipliniert" gehst du mehr in die Tiefe und formulierst wie folgt: „Ich arbeite an meinen Glaubenssätzen, schreibe täglich meine Erfolge auf und baue somit Disziplin in allen Bereichen meines Lebens aus."

Die meisten machen den Fehler und belassen es dabei, die Affirmationen möglichst oft vorzusagen, in der Hoffnung, dass das Unterbewusstsein das als wahr annimmt und das Verhalten dahin steuert. Mache du es richtig und baue deine

Affirmationen so für dich aus, dass sie sich gut und realistisch für dich anfühlen. Im Folgenden zeige ich dir die Beispiele für Affirmationen, die du für dich umformulieren und ausbauen kannst:

1. Ich bin wertvoll und liebenswert.
2. Mein Leben hat einen Sinn.
3. Ich bin gut und voller Liebe.
4. Alles ist gut.
5. Ich bin mutig, stark und trage große Widerstandsfähigkeit in mir.
6. Ich bin eine leuchtende und fröhliche Person.
7. Ich werde geliebt und strahle Liebe aus.
8. Ich kann und werde alles erreichen, was ich mir vornehme.
9. Ich bin voller Energie und die Liebe fließt in mir.
10. Mein Leben ist voller Freude und Glück.
11. Das Glück ist immer auf meiner Seite und umgibt mich.
12. Ich bin erfolgreich in allem, was ich mache.

13. Ich liebe und vertraue mir selbst voll und ganz.
14. Ich bin jederzeit mit der liebevollen Energie des Universums verbunden.
15. Ich bin in der Lage, jede Herausforderung zu meistern, die das Leben mir stellt.
16. Mein Leben ist eine Feier und so lebe ich jeden Tag!
17. Ich bin gut, so wie ich bin und ich habe Raum zu wachsen.
18. Zuerst bin ich glücklich, dann kommt der Erfolg automatisch nach.
19. Ich verdiene Liebe und Mitgefühl.
20. Ich bin ein Mensch voller Güte und Fürsorglichkeit.
21. Liebe umgibt mich überall und jederzeit und hilft mir durch schwere Zeiten.
22. Ich bin kraftvoll, zuversichtlich und fähig, alle meine Träume und Ziele zu erreichen.
23. Ich bin bereit, erfolgreich zu werden und gebe nicht auf!
24. Ich bin einzigartig, das macht mich so besonders.

25. Ich fühle Zuneigung und Liebe für Andere und ihre eigenen einzigartigen Wege.
26. Ich liebe und schätze meinen Körper.
27. Ich vertraue auf meine Fähigkeiten.
28. Ich fühle mich jung und voller Energie!
29. Ich bin dankbar für meine Stärken und Fähigkeiten.
30. Ich werde zu der Person, von der ich träume und glaube fest daran.
31. Ich respektiere die Menschen und werde selbst respektiert.
32. Ich gehe mit erhobenem Kopf durch das Leben.
33. Ich habe die Kraft, erfolgreich durch alle Situationen im Leben zu gehen.
34. Ich habe ein warmes und fürsorgliches Herz.
35. Ich bin ein guter Mensch.

Mit Sicherheit fallen dir jede Menge eigener Affirmationen ein, die zu deinem Leben und deinen Vorstellungen passen. Wichtig ist, dass sich das gut und überzeugend für dich anfühlt. Wenn du bereits morgens nach dem Aufstehen mit einer starken Stimme und entschlossener Körperhaltung deine Affirmationen aufsagst, weißt du wieviel positive Energie dich umgibt und dich stärkt? Ist es nicht wunderbar, den Tag auf diese Weise zu beginnen? Noch effektiver ist es, wenn du die Affirmationen zusätzlich abends vor dem Schlafengehen verinnerlichst. So wird dein Unterbewusstsein im Schlaf deine neuen Glaubenssätze fest integrieren.

Wenn du dran bleibst und es mindestens drei Wochen durchziehst (du wirst jedoch bereits nach wenigen Tagen Veränderung spüren), dann wirst du dich unheimlich aufbauen und stärken.

Veränderung passiert nicht über Nacht und es wird vielleicht ein langer und rauer Weg – die Reise wird sich aber im Endeffekt definitiv lohnen.

Schlusswort

Mir liegt es am Herzen, so viele Menschen wie möglich zu erreichen und ihnen zu helfen, ein besseres Leben zu führen. Deshalb freue ich mich, dass du das Buch durchgelesen und somit den Grundstein für ein selbstbewusstes und selbstbestimmtes Leben gelegt hast. Es ist wichtig, dass du täglich mit meinen Tipps arbeitest, um erfolgreich in der Persönlichkeitsentwicklung zu sein.

In diesem Buch hast du einige Dinge über Einstellungen und Glaubenssätze gelesen, außerdem jede Menge Techniken und Übungen an die Hand bekommen. Einige hältst du möglicherweise für hilfreich, andere für nutzlos und andere wiederum für zu kompliziert.
Und ja, es ist kein Buch, das man sich einmal durchliest und im nächsten Moment verändert sich das Leben.

Du wirst jede Menge schreiben (oder lieber tippen?) müssen, um wirklich etwas zu verändern. Aber das Schreiben intensiviert die Übungen um ein Vielfaches und du kannst dir Monate oder Jahre später deine Notizen durchlesen und die Person, die das geschrieben hat, nicht wiedererkennen.

Halte dir auch vor Augen, dass diese Methoden nur funktionieren, wenn du sie in der echten Welt mit echten Menschen anwendest. Diese Strategien können dein Leben verändern und dir dabei helfen, dein schüchternes, nervöses Ich in eine selbstbewusste Version umzuwandeln. Du musst jedoch diesen ersten schwierigen Schritt wagen und in die Umsetzung kommen.

Werde aktiv und zeige Taten. Gib nicht auf und erreiche all deine Ziele mit deinem erlernten unerschütterlichen Selbstbewusstsein.

Ich wünsche dir dabei viel Erfolg.

Haftungsausschluss

Die Umsetzung aller enthaltenen Informationen, Anleitungen und Strategien dieses Buchs erfolgt auf eigenes Risiko. Für etwaige Schäden jeglicher Art kann der Autor aus keinem Rechtsgrund eine Haftung übernehmen. Für Schäden materieller oder ideeller Art, die durch die Nutzung oder Nichtnutzung der Informationen bzw. durch die Nutzung fehlerhafter und/oder unvollständiger Informationen verursacht wurden, sind Haftungsansprüche gegen den Autor grundsätzlich ausgeschlossen. Ausgeschlossen sind daher auch jegliche Rechts- und Schadensersatzansprüche. Dieses Werk wurde mit größter Sorgfalt nach bestem Wissen und Gewissen erarbeitet und niedergeschrieben. Für die Aktualität, Vollständigkeit und Qualität der Informationen übernimmt der Autor jedoch keinerlei Gewähr. Auch können Druckfehler und Falschinformationen nicht vollständig ausgeschlossen werden. Für fehlerhafte Angaben vom Autor kann keine juristische Verantwortung sowie Haftung in irgendeiner Form übernommen werden.

Urheberrecht

Impressum

1. Auflage

Druckerei: Amazon Media EU S.á r.l., 5 Rue Plaetis, L-2338, Luxembourg
Kontakt: Viktoria Ostertag / Schwartenpohler Str. 10 a / 49835 Wietmarschen
Covergestaltung: germancreative // fiverr

Eigene Notizen

Eigene Notizen

Eigene Notizen